赢在与班主任高效沟通

黄靖怡 ◎ 著

图书在版编目（CIP）数据

赢在与班主任高效沟通 / 黄靖怡著. -- 北京：台海出版社, 2024.11. -- ISBN 978-7-5168-4043-6

Ⅰ. G451.6

中国国家版本馆 CIP 数据核字第 2024CU5538 号

赢在与班主任高效沟通

著　　者：黄靖怡	
责任编辑：魏　敏	封面设计：尚世视觉

出版发行：台海出版社
地　　址：北京市东城区景山东街 20 号　　邮政编码：100009
电　　话：010-64041652（发行，邮购）
传　　真：010-84045799（总编室）
网　　址：www.taimeng.org.cn/thcbs/default.htm
E - mail：thcbs@126.com

经　　销：全国各地新华书店
印　　刷：三河市双升印务有限公司

本书如有破损、缺页、装订错误，请与本社联系调换

开　　本：710 毫米 ×1000 毫米	1/16
字　　数：152 千字	印　张：10
版　　次：2024 年 11 月第 1 版	印　次：2024 年 11 月第 1 次印刷

书　　号：ISBN 978-7-5168-4043-6

定　　价：59.80 元

版权所有　　翻印必究

前 言

孩子在学校上学，我们作为家长，跟孩子的班主任打交道是不可避免的事情。然而，在与对方打交道时，我们又不免会产生很多顾虑：跟老师交流太多，会不会增加老师的负担，会不会言多必失？跟老师沟通太少，会不会解决不了问题，能不能给孩子帮上忙？我们总是想跟班主任建立良好的沟通关系，却不知道该如何开口。

沟通肯定是必要的，班主任是学校与家庭之间的桥梁，家长积极与班主任沟通，才能帮助孩子在学校更顺利地学习和成长。班主任跟班上的孩子是"一对多"的关系，不可能及时注意到每个孩子的情况，家长主动跟班主任沟通，也可以让老师的教育工作更顺利。反过来，家长可以通过班主任，更加全面地了解孩子在学校的学习和生活情况。

家长积极沟通，跟班主任搞好关系，并不意味着要家长变成了"马屁精"。日常我们人与人之间的交往都需要经营和维护，家长和老师之间的关系也不例外。

比如，家长在跟班主任初次见面时，留下良好的第一印象，这就是不错的开端。家长不必畏畏缩缩，可以大方地介绍自己、介绍自己的孩子，让班主任对后续的交流不反感。在平时收到老师发来的消息的时候，积极回复；在节日的时候，给老师送去祝福；在孩子受到老师帮助的时候，向老师表示感谢；等等。这些都是家长跟老师搞好关系的关键时机。

但我们跟老师交流、拉近关系的时候，也要注意一些"雷区"。不小心触碰了这些"雷区"，有可能让老师对我们的好印象大打折扣。

首先是"有话不直说"。老师大多数时候很忙，没有时间听家长绕弯子说话。所以，家长说话尽量不要含含糊糊，更不要夹杂隐喻，让班主任去猜测。只要家长态度好一点，用礼貌的语气明明白白地说出自己的想法和需求，老师自然会很高兴。

其次是"有话不好好说"。说话要讲究方式和态度，家长说话盛气凌人、怒气冲冲，表现得过于强势，会让班主任感到有压力，不利于问题的解决。同时，家长也要避免"自说自话"，不给老师说话的机会，或者一味地迎合，没有自己的主张。这些都不是好的沟通方式，会影响沟通效果。

除了主动跟班主任沟通，我们有时还会接收到老师的反馈和意见，最典型的，就是各种来自老师的"告状"。家长高情商的回复，更有助于在老师和家长之间创造融洽的交流氛围，解决孩子的问题也会更顺畅。比如，早恋问题、吸烟问题、考试作弊问题等，老师向家长反映这些问题的时候，通常都是比较严肃的，因为涉及孩子的品德和作风。这时候就需要家长积极配合，给出老师想要的答复，帮助孩子改掉坏习惯。

家长跟老师可以交流的内容还有很多。比如，向老师请教孩子偏科、成绩下降、情绪低落时的应对方法；比如，孩子受了委屈，在学校被欺负、被霸凌、被冤枉后老师有什么建议；比如，想让老师帮助自己家孩子换座位、当班干部等。家长聊这些内容的时候，都要讲究方法，这样才能从老师那里得到有用的回复。

本书从家长们会遇到的沟通情景出发，结合事例，全方位、多角度地对各种现象进行分析，提供建设性的意见和切实可行的沟通方法。家长跟班主任的每一次良好沟通，都是帮助孩子进一步成长的关键，本书会帮助家长们摆脱不敢跟班主任沟通的心理障碍，成为能游刃有余地跟班主任沟通、交流的高情商家长。

目录 CONTENTS

第一章 智慧家长如何跟班主任沟通

① 跟班主任沟通的"三要""三不要" / 002

② 这四句话千万不要跟老师说 / 005

③ 跟班主任沟通的三大技巧 / 009

④ 与老师沟通的六个小技巧 / 012

第二章 抓住关键时机，跟班主任搞好关系

① 一年级、初一学生家长，如何加班主任的微信 / 017

② 开家长会时，如何和老师交流孩子的情况 / 021

③ 家访时怎么"套近乎"，班主任才不会反感 / 025

④ 过节给班主任送祝福，如何说既有心意又有诚意 / 029

⑤ 表达感恩、感谢的话，怎么和班主任说 / 033

⑥ 孩子转学，怎么和新老班主任沟通 / 037

⑦ 收到班主任信息，别再只回"收到""谢谢" / 040

第三章 找班主任了解孩子情况，这样沟通更有效

① 孩子成绩下滑，如何和班主任沟通 / 045

② 想了解孩子的作业情况，怎么和班主任沟通 / 048

③ 孩子偏科，怎么和班主任沟通 / 051

④ 孩子有厌学情绪，怎么和班主任沟通 / 054

⑤ 孩子情绪低落，怎么和班主任沟通 / 058

⑥ 孩子住校，怎么跟班主任了解情况 / 061

⑦ 如何向班主任介绍自家孩子的优缺点 / 065

第四章 班主任"告状"，如何高情商回复

① 班主任反映孩子早恋，怎么回复 / 069

② 班主任反映孩子偷偷吸烟，怎么回复 / 072

❸ 班主任反映孩子偷偷带手机，怎么回复 / 075

❹ 班主任在班级群里点名批评孩子，怎么回复 / 078

❺ 班主任反映孩子顶撞老师，怎么回复 / 082

第五章 孩子在学校被霸凌、受委屈，怎么正面沟通

❶ 孩子被同学殴打、辱骂，怎么和班主任沟通 / 086

❷ 孩子受到隐形霸凌，如何和班主任沟通 / 089

❸ 孩子遭遇不公，怎么和班主任沟通 / 093

❹ 孩子被冤枉，怎么和班主任沟通 / 096

❺ 孩子在学校受伤，怎么和班主任沟通 / 099

❻ 孩子的班干部职务被撤了，怎么跟班主任沟通 / 102

第六章 有要求和意见，这样说班主任才会听

❶ 家长想竞聘家委，怎么说 / 106

❷ 想让孩子当班干部，怎么说 / 109

❸ 想给孩子调换座位，怎么说 / 112

❹ 想请老师帮忙管教孩子，怎么说 / 115

❺ 孩子在学校丢了东西，怎么说　　　　　　　　/ 118

❻ 对其他任课老师不满意，怎么说　　　　　　　/ 121

❼ 对班级制度有意见，怎么说　　　　　　　　　/ 124

❽ 想为班级做贡献，怎么说　　　　　　　　　　/ 127

第七章　多说这些话，比给老师"送礼"更管用

❶ 尊重、平等，切忌在班级群里发表"不当"言论　/ 131

❷ 足够信任，不随意质疑老师的教学能力　　　　/ 134

❸ 赞美、肯定，高情商夸老师　　　　　　　　　/ 137

❹ 换位思考，理解老师的不容易　　　　　　　　/ 140

❺ 简洁明确，不唠叨、不啰唆　　　　　　　　　/ 143

❻ 客观公正，避免片面沟通　　　　　　　　　　/ 146

❼ 达成共识，积极配合，与老师形成合力　　　　/ 149

第一章

智慧家长
如何跟班主任沟通

❶ 跟班主任沟通的"三要""三不要"

家长与班主任进行沟通，是为了更好地了解孩子在学校里的情况。但家长与老师沟通也要把控好内容，知道哪些话要说，而哪些话不要说。

刚开学的一段时间，班主任都会找机会跟每位同学的家长聊一聊孩子的事情，这天轮到了凯乐的家长。

刚开始凯乐的妈妈还在认真听老师说，后来班主任说到孩子的教育是父母跟老师共同的责任时，凯乐的妈妈就不乐意了，直言道："我不太认同您这个看法，孩子一整天都在学校，他们的学习难道不该归学校管，归你们老师管吗？你们学校教得好，孩子才能学得好呀。"

班主任只能解释家庭教育的重要性，但凯乐的妈妈依然不太赞同班主任的说法，谈话最终不欢而散。

班主任与家长之间沟通，最重要的就是针对孩子的情况，互相"通气"，以及在教育方法上互相交换意见。我们在沟通的时候，要注意以下"三要"和"三不要"。

 沟通时的"三要"

内容要明确： 家长没有重点地胡乱问一通，老师很可能不知道怎么回答，或者即使回答了也不是家长想要的结果。所以，家长无论选择用微信跟老师聊还是面对面聊,都要先想清楚自己要跟老师聊什么,是要了解孩子的哪些情况,还是要向老师请教什么问题。家长不妨直入主题,问得具体一点。

态度要诚恳: 积极配合老师,多倾听,少插话。在与老师交流时,聪明的家长更懂得该如何倾听。不仅要听老师讲述孩子的问题,也要理解这些问题背后的原因,以及其中包含的老师的担忧。这种态度诚恳的倾听,能够让老师感受到被理解、被尊重,促进老师和家长之间的信任与合作。

心态要开放: 面对孩子的问题,家长跟老师沟通的时候,要保持开放的心态,不一味地谈论孩子的优点,也不只关注孩子身上的缺点和错误。家长在主动跟老师分享孩子的状况时,也要接纳老师给出的意见和建议。

 沟通时的"三不要"

不要把责任推到班主任身上: 家长在跟班主任沟通的时候,不要把教育的责任都推到班主任的身上,比如:"您就多费点心,替我多教导教导孩子。我太忙了,没时间辅导。""我没时间管孩子,老师您该管就管,别客气。"这些话其实就是家长在推卸责任,意味着如果学生的表现不佳,全都是因为老师教导不当。

不要抱怨和指责: 尽量不要抱怨和指责学校或班主任,这样既会让班主任感到尴尬和不满,也会影响家长和班主任之间的关系。比如,尽量不要说"肯定是您的教学方法不太合适,导致孩子没学好"这样的话。

不要越俎代庖: 有家长总觉得自己的教学方法好,想要老师按照自己的想法行事。这看似是探讨,但实则是"指导"的沟通,也是对老师的不尊重。比如,"你得换个方法,你这进度也太慢了"。班主任是专业的教育工作者,他们有自己的教学理念和方法。家长可以提出合理的建议,但不要强行要求班主任按照自己的想法进行教学。

话术模板

想聊什么就直说

1. 老师，我家孩子实在是太内向了，总是交不到朋友，您说该怎么办？

2. 不瞒您说，孩子这次考试成绩不太理想，我们也分析了一下，应该是因为他太马虎，您有什么好方法吗？

3. 我感觉孩子最近学习有点吃力，尤其是英语，单词怎么背都记不住，不知道在学校里他在这门课上的表现怎么样？

　　有话就直说，这是跟老师最高效的沟通方式。想要获取建议，家长就详细地描述问题，越具体越好，同时也要保持适当的礼貌，诚恳地向老师请教。

积极回应老师

1. 谢谢您的提醒，我们会认真落实您的要求，帮助孩子做好预习和复习。

2. 老师，您的建议非常好，我们完全赞同。我们会按照您的建议，在家多关注孩子的学习情况。

3. 老师，您的意见很中肯，我们会认真对待。我们会和孩子一起制订学习计划，合理安排时间。

　　老师最希望的就是家长能把自己的话听进去，所以积极的回应在沟通中是必要的。家长可以在回应的时候，肯定老师的建议，同时表明自己会积极配合的态度。

❷ 这四句话千万不要跟老师说

家长在跟老师相处和沟通的时候，要避免"踩坑"。有些话说了，不仅对孩子没帮助，反而还有可能让孩子吃亏，甚至让老师对孩子产生偏见。

有一天放学，娇娇的妈妈特意找到班主任办公室，对班主任说："我们家孩子心理比较脆弱，您就多夸夸她，少批评她。要不然孩子就会产生厌学情绪，不来上学了。"班主任听完心里有点不舒服，但表面上也只能答应。

有些话虽然看似是家长在为孩子着想，但实际上却隐含着对班主任的不信任，甚至还有点指责的意思。老师会觉得在家长心里，自己是一个特别喜欢批评孩子的老师。虽然老师不会因此针对孩子，但他们心里始终会有所顾忌。

 **第一句话："我们家孩子一点也不听话，根本管不好。"**

尽量不要在老师面前说孩子坏话。当家长在老师面前说孩子坏话时，老师很容易受到这些负面评价的影响，从而对孩子形成不好的印象。老师可能在后续与孩子的接触中，不自觉地带着这样的预设去看待孩子。即使孩子有了一些积极的表现，也可能被忽视或误解。

这种负面印象一旦形成，可能会影响老师对孩子的关注度和教育方式。老师可能会对孩子更加严格，或者在一些机会的分配上有所偏向，不利于孩子的全面发展。如果家长想要老师给出什么建议，不如问问老师自己的孩子还有什么上升的空间。

 ## 第二句话："您的方法能行吗？"

当家长表达出对老师的不信任时，双方之间的沟通就会变得困难。老师接收到这个信息之后，不仅不会对孩子更加上心，态度可能反而会变得更加消极，认为既然家长不信任，自己也没必要那么尽力了。不仅如此，双方还会因为误解而产生更多的矛盾，使问题不断升级。这不仅对孩子的成长不利，也会给家长和老师带来很多烦恼。

特别是当孩子在场时，家长的质疑会有损老师的威信。比如，家长对老师说："您这个方法真的行吗？我感觉可能对我家孩子没用。"孩子很可能会接收到这种负面评价，从而对老师产生怀疑和抵触情绪，这会严重影响他们在学校的学习态度和积极性。

 ## 第三句话："孩子学习好不就行了吗？"

有些家长只注重孩子的学习，只要孩子学习好就万事大吉。所以，当老师跟家长聊孩子其他方面的问题时，家长可能就会不耐烦，甚至直接打断老师说话。比如，老师对家长说孩子做值日拖拖拉拉，家长却对老师说自家孩子以后干脆别值日了，以后各种活动也不参加，只要好好学习就行了。

家长期望孩子学习好没有错，但是孩子除了学习，其他的方面也需要共同发展。家长的这种态度会让老师左右为难，因为孩子不可能脱离班集体，他们也不能对孩子区别对待。同时，这也会导致班上其他孩子产生意见，造成同学之间的矛盾与隔阂。

 **第四句话:"你一定要多关注我家孩子,不能只关注那些成绩好的。"**

一个班里有很多孩子,老师不可能照顾到所有人,也不可能保证绝对的公平。如果家长因为这些指责老师偏心,老师不仅会感到无辜,也会觉得心寒,认为自己做得好的地方家长都没看到,家长只揪着细节不放。

家长要尽量多体谅一下老师,别给老师留下这样的坏印象,以防这样的印象被转嫁到孩子身上,从而影响孩子的发展。

话术模板

用尊重的语气沟通

1. 老师,您好!很抱歉打扰您,我是蒙蒙的家长,这次过来是特意向您请教几个问题。

2. 我想听听您的看法,该怎样引导孩子正确处理同学关系呢?

3. 老师,谢谢您的耐心解答和建议,希望以后有更多的机会跟您交流孩子的教育问题。

我们在语气上要做到诚恳和尊敬,让老师感觉到我们是来学习、是来解决问题的,避免用高高在上的姿态。家长可以表示自己在教育方面有不足之处,表示愿意向老师学习和求助,这样可以让老师感受到家长的尊重,从而更愿意和家长合作。

给予老师充分的信任

1. 孩子在学校可能会有一些小状况，但我们不担心，因为我们相信您会公平公正地处理。

2. 您的方法肯定没问题，我想再跟您仔细讨论一下具体该怎么做。

3. 老师，我们会全力配合您的工作，相信您能让孩子越变越好。

即便老师的教育方法真的存在问题，也不能言辞冲动。多给老师一点信任，多用积极的态度跟老师交换意见。

认可老师的教学工作

1. 还是您的方法有用，孩子进步很大，我得多跟您学习学习。

2. 您最近上课带着孩子学习写作技巧，太细致、太有耐心了。

3. 孩子说您讲得很清楚，一听就懂了。

作为家长，应该全面客观地了解孩子在校的情况，认真听取老师的意见，毕竟大多数老师都有丰富的教育经验，在很多问题上比家长考虑得更加全面。

③ 跟班主任沟通的三大技巧

沟通都有技巧，家长跟班主任沟通也是一样。用好沟通技巧，是为了帮助家长和班主任更好地理解彼此的立场和观点，有助于建立良好的家校合作关系。

 沟通准备要做好

晓瑞的妈妈最近都在出差，就觉得应该打电话问问班主任自己家孩子最近的状况。她想也没想就直接拨打了班主任的电话，过了好一会儿发现没有人接听，就连续打了好几个，后来班主任终于接了。

晓瑞的妈妈打通了电话之后，就赶紧说："老师您刚才干吗去了？我可打了好几个电话呢。"班主任说："哦，我刚才在开会呢，没拿手机。您有什么事吗？"晓瑞的妈妈说："也没什么事，我就想问问晓瑞最近表现怎么样。我这阵子出差，真是忙死了，也不知道这孩子最近有没有认真学习。对了，您要什么东西吗？我可以帮您带点，这里的……"

班主任听晓瑞的妈妈净说些没用的，就赶紧打断道："您是要问晓瑞最近的状况吗？他最近表现还不错，上次数学小测验还进步了呢。"晓瑞的妈妈又接着说："这样啊，那就好，那就好。"班主任说："您不用太担心，他还是很自觉的。晓瑞的妈妈，我待会儿还有课，您看……"晓瑞的妈妈回复道："好的好的，您忙。"

无论是家长还是老师，都会有自己的事情要忙。所以，家长在跟老师沟通之前，最好能做好充足的准备，明确自己此次沟通的目的是什么，是了解孩子的学习情况、行为表现，还是探讨孩子的发展方向？

家长可以先了解好孩子目前的状况，抓住孩子目前的弱点，提前在心里打好腹稿，列出来想要跟老师交流的问题和困惑，以防无效沟通或者没话说。

 沟通频率要适度

如果孩子在学校表现稳定，学习成绩良好，行为习惯也没有大的问题，我们与老师的沟通频率可以相对低一些。但也不要长时间不与老师联系，以免错过一些重要信息。比如，每学期可以与老师沟通两到三次，了解孩子的整体发展情况。

而当孩子出现学习困难、行为问题、情绪波动等情况时，家长应及时与老师沟通，共同分析产生问题的原因，制定解决方案。

 不卑不亢，平等沟通

家长和老师其实是平等合作的关系，如果要回应老师的话，可以适当提出自己的想法。总的来说就是不卑不亢，既不要用命令和指使的语气对老师说话，也不要太弱势。这种沟通方式可以让双方更加坦诚地交流孩子的情况，分享各自的观察和想法。家长不会因为过于谦卑而不敢提出自己的疑问或建议，老师也不会因为家长的过分恭敬而忽视其合理的诉求。

话术模板

以平等的态度开口

1. 我很理解老师的做法，孩子做错了事是要接受惩罚的，但孩子这次也有表现好的地方，希望老师下次也能夸夸他。

2. 我家孩子数学又退步了，您有什么好方法吗？我们一起商量一下。

3. 我认真地看过了您的反馈了，我是很认可的，但有些复习方法可能不适合孩子，我会适当调整一下，谢谢您的认真负责。

跟老师沟通要突出平等交流的态度，对老师的建议也不一定要全盘接受，我们也可以在对话中提出自己的意见。

用清晰的语言表达

1. 是这样的，我家孩子成绩起伏太大了，跟坐过山车一样，到底该怎么办？

2. 我们家孩子可能跟同桌有点小摩擦，心思都不放在学习上了，您有什么好办法吗？

一次性说清楚一件事，把事情的时间、地点、涉及的人，以及希望得到的帮助，都用清晰明了的语言呈现给老师。

始终保持冷静的态度

1. 我家孩子是不是闯祸了？没关系，您跟我说说是怎么回事。

2. 老师，我家孩子这次考试成绩不太理想，您能帮着分析一下原因吗？

3. 我收到了您的消息，您能再具体跟我说一下吗？

家长要尽量保持冷静和理性，避免情绪化的反应，控制语速和语调，不要过于激动或急躁。遇到不满意的情况，可以尝试以合作的方式解决问题，而不是指责或攻击。

4 与老师沟通的六个小技巧

老师跟家长是平等的,并非上下级关系,有时候家长说话过于直接,使沟通变得尴尬或困难。家长如果采用高情商的对话方式,就能让双方沟通起来更舒心、更顺利。

 把握沟通时间

周六早上,还不到7点钟,小杰的妈妈突然想到,昨天晚上小杰好像跟她说忘记了语文作业是什么。于是小杰的妈妈拿起手机,就在班级群里发消息:"礼拜天的语文作业是什么啊?""都留什么作业了?孩子没记住。""都没有一个老师看消息的吗?"

小杰的妈妈就这样一连发了好几条,还不停地在群里喊老师。老师并没有回复,只有几个家长受不了了,在群里回复了小杰的妈妈。后来班主任看到了消息,也礼貌地回复了小杰的妈妈,还提醒大家在群里要礼貌发言。

如果家长觉得有必要跟老师面谈,就尽量提前跟老师约好见面的时间。如果不方便面谈,可以选择打电话或者发微信,但尽量不要选择午休或者下班之后,最好选择在老师上班且没课的时间。为了让沟通更有效率,时间应控制在15分钟之内。

 **注意沟通场合**

　　面对面交流的时候,最好跟老师单独交流,不要在学生很多或者家长很多的地方。线上交流也是如此,如果有不理解和质疑尽量私聊,不要在班级群或者家长群里公开发。家长如果在班级群里提意见,或许家长表达了心声,但可能会引起别的家长一起讨论,甚至引起不必要的争端。

 **在关键节点找老师沟通**

　　沟通也要注重时机,把握好时机,沟通带来的收获将更大。比如,在学期开始的时候沟通。家长可以跟老师多了解一下这学期的要求,以及教学目标是什么,让老师传授一下如何辅助孩子更有效地学习。再比如,考试之后沟通。家长可以跟老师谈一谈孩子的成绩、排名,还可以结合孩子历次考试的表现,分析孩子接下来该往哪个方向努力,该如何查漏补缺。

 引导老师发现孩子的优点

　　家长在介绍孩子或者评价自己的孩子时,除了要客观一点,也可以引导老师发现孩子的优点,给孩子加一点印象分。比如,在聊到孩子好的表现时,家长可以列举一些具体的事例。这些事例可以是孩子在学校或家庭中发生的事,也可以是孩子参加活动或与他人交往时发生的事。

 **尊重隐私**

　　在跟老师沟通的过程中,家长要尊重老师的隐私,不要随意打听老师的私人生活,要把重点放在孩子或者学校的事情上。同样,家长也需要尊重孩子的隐私。

一些孩子的趣事可以适当跟老师分享，但涉及孩子的隐私时，还是尽量不要在公共场合对老师说，老师可能也不太关注这些。

 自己分析问题后，再找老师

孩子遇到了问题，家长可以先尝试自己解决或者分析一下，然后再拿着自己的方法去找老师讨论，寻求建议，这样交流的效率会更高一点。如果家长只看到名次和分数，不冷静地仔细想想，就着急忙慌地找老师，并且只输出、不沟通，老师很可能不知道怎么帮忙分析，家长也不会有什么实质收获。

话术模板

电话沟通

1. 老师您好，我是程程的妈妈，不好意思打扰您了。我有几个问题想请教您，请问您现在方便吗？

2. 老师，我发现孩子最近学习状态不太好，孩子在学校是不是不太适应？

3. 谢谢老师！那您继续忙，我下次有问题再打电话请教您。

电话沟通在语言上要注意礼貌，先问老师方不方便打电话沟通。而且时间很珍贵，最好开门见山地把问题说清楚。

考试后沟通

1. 老师，这次期中考试，孩子的计算题失分比较多，我该怎么帮他提升啊？
2. 考试后，孩子跟我说，语文阅读理解难度较大。让她多读点课外书会有帮助吗？
3. 老师，孩子老跟我说考试时间不够，他考试的时候没玩儿吧？

　　家长可以先查看孩子的试卷，了解孩子的答题情况和得分点，分析孩子的优势和不足，以便在与老师沟通时更有针对性地提出问题。

给老师展现孩子的优点

1. 老师，我感觉他最近好像变得更加自信了。您觉得孩子在学校里表现怎么样？
2. 老师，孩子在家里经常自己找书看，课外阅读应该是没什么问题了。您有什么推荐的书吗？

　　在沟通中，家长可以先询问老师对孩子的整体印象，然后在老师回答的基础上，适时地提出孩子平时有哪些好的具体表现，巧妙地引入孩子的优点。

第二章

抓住关键时机，
跟班主任搞好关系

第二章：抓住关键时机，跟班主任搞好关系

1 一年级、初一学生家长，如何加班主任的微信

孩子升入一年级或者初一，家长们都想第一时间加上班主任的微信，但内心又有点忐忑。家长们不知道加了微信该说什么，不知道这样做会不会很冒昧。

毛毛的爸爸在一年级开学的时候，就立即加上了班主任的微信。因为毛毛刚上小学，爸爸难免很担心毛毛在学校里的状况，时不时就给班主任发微信，诸如："我家孩子太调皮了，希望您能好好管管他。""毛毛学习很努力，您上课多提问他。""毛毛在学校没调皮捣蛋吧？我太担心了。"

其实在新组成的班级，班主任也在想办法了解自己的学生。这个时候，如果家长能够主动联系班主任，讲讲孩子的情况，在大多数情况下，班主任还是很欢迎的。但班主任的精力有限，不可能对每个家长有求必应，所以家长在微信上发的内容要把握好度。

 礼节点到即可

刚加上班主任的微信，难免会跟对方打个招呼，说一些客套话。但如果客套话太多，就会成为老师跟家长之间沟通的负担。试想一下，刚开学，班主任忙得焦头烂额的时候，手机还在不停地振动，点开一看，都是家长们发的客套话。老

师回也不是，不回也不是。

我们身为新生的家长，在跟老师发微信的时候表现得真诚礼貌就可以了，想要表达自己的"客气"，不如多注重一下沟通问题时的态度，不用特意说客套话。这样既减少了老师回消息的频率，节省了老师的时间，也体现了家长恰到好处的礼节。

 不做无用的沟通

家长想要老师多关注自己的孩子，但又不好意思直说，发的消息可能就会比较委婉，甚至东拉西扯，就为了多展示一下自己家孩子的优势，给老师发一大堆冗杂的内容。家长可能会认为自己孩子所有的细节都值得被关注，但老师的精力有限。对于没有重点的对话内容，老师很难仔细看完。

客套话太多或者闲聊的信息，尽量不要发，要与老师做有效沟通。这些"有效信息"可以被理解为，是与老师、学生需要解决的问题有直接关系的信息，比如作业问题、学习态度问题、日常学校工作问题等。

而且站在班主任的角度看，老师跟家长加微信，是为了工作，为了更好地沟通有关孩子的情况，方便跟家长沟通问题和解决问题，无用的沟通是老师最不需要的。

 给班主任发微信的"雷点"

第一，随时随地给班主任发微信，还要求马上回复。有些家长可能工作繁忙，经常加班到深夜，所以总是在深夜给老师发微信。但家长工作忙是家长自己的事情，老师也有自己的生活和私人时间。

第二，抛出一大堆问题，班主任还没回复，就不停地追问。家长着急沟通的心情可以理解，但总是追问，老师也会很烦躁。所以别急着一直问，老师可能正

第二章：抓住关键时机，跟班主任搞好关系

在忙。

第三，给班主任发"小作文"，长篇大论。老师没有那么多时间大段大段看聊天的内容，所以家长最好用简洁的语言表明自己的问题或者想法。

第四，发 60 秒的长语音。老师没有那么多时间听语音，而且有时候语音会听不清楚。为了表示对老师时间的尊重，建议家长给老师发微信的时候多用文字。

话术模板

简洁问候，主动沟通

1. 老师您好！我是聪聪的妈妈，我很荣幸孩子能在您带的班级里学习和成长。

2. 老师您好，非常感谢您担任孩子的班主任，希望在以后的日子里多多沟通交流。

3. 您好！我是小颖的家长，我想跟您多交流一下孩子的情况，以便孩子尽快跟上学习节奏。

家长刚加上班主任的微信时，为了表示对老师的尊敬和支持，可以主动给老师留下简洁的问候，表明自己的身份，给老师留下一个好印象。第一次发微信最好主要以问候和认识为主，不要抛出太多问题，也不要说太多客套话。

精准提出问题

1. 老师，刚开学，孩子总是很焦虑，担心自己跟班上同学相处不好，请问您有什么好办法吗？

2. 打扰老师了，我有两个问题想请教您：孩子最近作业有没有达到要求？孩子在课堂上表现积极吗？

3. 老师，孩子有点近视，不知道他在学校看黑板困不困难。

用简洁的语言表述问题，避免冗长的叙述和无关的细节。如果有多个问题，可以分点列出，每个问题尽量简短。家长发了信息，老师就算暂时没回复，也不要认为老师是故意不回复或者区别对待，最好能耐心等待回复。

礼貌收尾，不拖拉

1. 您平时工作肯定很忙，我就不占用您太多时间了。但只要您有需要，可以随时联系我，我会尽快回复。

2. 感谢您耐心看完我的消息，我知道您要照顾那么多孩子，辛苦您了。之后有重要的事情，我再跟您交流。

3. 感谢老师百忙之中回答我的问题，现在就不打扰您了。

家长跟班主任微信沟通，已经解决好问题时，可以快速给对话收个尾，避免继续无意义的对话。收尾的时候，可以表达对老师花费时间沟通的感谢，也可以表达对下一次沟通的期待。

第二章：抓住关键时机，跟班主任搞好关系

❷ 开家长会时，
如何和老师交流孩子的情况

参加家长会，不仅仅是为了听老师分享孩子们的学习进度，更是为了把握住跟老师交流的机会。

这天是诺诺新学期的第一次家长会，妈妈想趁着这个机会，好好跟老师沟通一下。于是在家长会结束之后，诺诺的妈妈跟着别的家长一起挤了过去。等轮到诺诺的妈妈时，她也没顾得上跟老师打招呼，上来就大声说道："我家诺诺最近表现怎么样啊？他学习成绩还好吧？他没在班上惹麻烦吧？"诺诺的妈妈一口气问了一堆问题，班主任愣了好一会儿。

很多家长问问题，又多又笼统，也没问到重点，班主任一时也没有什么具体的答案，只能说："还不错，总体还可以。"家长一般这样跟老师交流，要么是真的不知道孩子的情况怎么样，无从下手；要么是孩子的表现自己心里有个大概，只是想在老师这里吃颗定心丸。这也就导致家长跟老师的交流，通常几句话就结束了，双方都没有实质性的收获。

 **选择性跟老师交流**

有的家长其实并不知道怎么跟班主任沟通，也不知道自己需不需要跟班主任

沟通。比如，在家长会结束之后，有一部分家长走了，有一部分家长还在等着跟老师沟通，自己却不知道是走还是留，觉得自己留下来说几句话，应该对孩子有些好处，但又不知道说些什么。等到最后，他们只是勉强跟老师说了几句场面话。

其实是否需要跟老师沟通，家长需要自己提前做好判断，最应该做好的功课，就是事先了解孩子的情况。

如果孩子比较调皮，很容易闯祸，让老师不省心，家长最好能够多跟老师交流该怎么教育孩子，以免让老师觉得家长不负责任。

如果孩子性格比较乖巧，学习上没有什么大问题，老师也没有主动找家长，那就没有必要在家长会之后排队沟通了，之后再找时间跟老师沟通也是一样的。

如果家长对孩子不十分了解，孩子在家也很少和家长沟通学校的事情，那么家长很有必要在家长会之后和老师进行深度沟通，了解孩子在学校的情况。

 学习成绩不是唯一的沟通内容

很多家长更愿意跟老师交流孩子的学习成绩，跟老师交流的内容，不是考试分数，就是成绩排名。但在学校里除了要学习知识、提高成绩，孩子还处于培养性格、体验成长的关键时期，这些方面也是家长可以跟老师交流和关注的。

所以，家长和老师沟通时，不要只关注孩子的学习成绩。比如，可以了解孩子在学校和同学们的相处情况，了解孩子有没有积极参加体育运动，了解孩子的人际关系，了解孩子的品德，等等。多听老师讲讲孩子在学校发生的"小事"，这样家长才能对孩子在群体中的情况有更全面的了解。

 实事求是地跟老师交流

家长在和老师讲述孩子的情况时一定要实事求是、客观，避免过度赞美或者过度贬低孩子。

第二章：抓住关键时机，跟班主任搞好关系

有些家长为了给老师留下好印象，会故意夸大孩子的优点，隐瞒孩子的问题。这就有可能会导致老师对孩子的实际情况产生错误的判断，从而不利于老师对孩子的个性化教育，一些隐藏的问题也不能得到及时解决。还有些家长过度强调孩子的问题，导致老师对孩子产生负面印象，降低了老师教育孩子的信心。

交流之前，家长对孩子的学习情况和习惯，最好有一定了解。孩子处于成长阶段，对于一些细节和不起眼的坏习惯，家长可以说得详细一点，这样有助于老师提前预防和纠正。

话术模板

询问学习情况

1. 请问老师，孩子最近的学习成绩忽上忽下的，您觉得主要问题出在哪里呢？
2. 老师，孩子对哪些学科比较感兴趣呢？他是不是有些偏科啊？
3. 老师，我想了解一下，孩子平时上课状态怎么样？他发言积极吗？

家长平时只能通过孩子自己描述或者看成绩单，才能大致知道孩子的学习情况，而具体的情况还是要问问老师。家长可以向老师了解孩子的成绩到底怎么样，为什么会是这样的状态，自己以后该怎么做。

询问孩子的行为表现

1. 老师，孩子在学校和同学们相处得好吗？有没有跟别人闹过矛盾呢？
2. 老师，我家孩子比较内向，在学校里他会主动参与班级活动吗？

3. 老师，孩子在家里就很闹腾，他平时在学校有没有遵守纪律啊？

　　交流的时候，除了询问学习上的问题，家长也可以多问问孩子在别的方面的表现，询问孩子的兴趣爱好、心理健康、为人处世等方面，帮助孩子全面发展。

寻求具体建议

1. 老师，孩子写作业容易分心，有什么好的办法可以帮助他提高专注力呢？
2. 老师，孩子数学比较好，您觉得要不要让孩子往竞赛那方面培养？
3. 孩子在做有些题时，总是出错，您有什么好方法吗？

　　跟老师交流的时候，不仅要关注孩子当前的状态，还要关注孩子将来的发展。家长可以根据老师提出的问题和自己的关注点，向老师请教具体的改进方法和建议，比如在学科选择、兴趣培养等方面询问老师的建议。

第二章：抓住关键时机，跟班主任搞好关系

③ 家访时怎么"套近乎"，班主任才不会反感

班主任来到学生的家中家访，家长也想趁这个机会好好跟老师"套近乎"，多拉近一点关系。但家长如果用力过猛，就会从正常的"套近乎"变成巴结老师。

 家访聊的是什么

小薇的妈妈得知老师要来家访后很紧张，提前一天就在准备要接待老师的东西，从瓜果零食到茶水饮料，甚至还稍微装饰了一下客厅。第二天老师如约而来，妈妈赶紧把老师带到客厅的沙发上，茶几上摆满了各种水果和点心，还给老师端上了刚泡好的茶。老师只是笑着说："你们太隆重了，咱们就是简单做个家访，互相了解一下。"

小薇的妈妈对老师说："哪里隆重了？我们家孩子跟着您学习，是他的福气！这都是我们该做的！"班主任想跟小薇的妈妈好好聊一聊小薇的学习情况，还着重表扬了小薇："最近小薇的进步很大，这离不开咱们的共同努力。"小薇的妈妈赶紧说道："哪里哪里，这都是老师的功劳！您是我见过最厉害、最有才华的老师了！"

小薇的妈妈一句接一句，一直在夸班主任做得好的地方，聊着聊着，家访就变成了家长对班主任的"夸夸大会"了。

家访其实没有那么可怕，老师更多的是想要通过家访了解学生的家庭氛围，了解孩子的生活状态、成长背景、兴趣特长以及阅读习惯，以便开学后可以因材施教。虽然家长可以通过家访跟老师拉近关系，但最终目的还是促进家校共育。

老师首先会看看孩子在家是什么状态，比如是不是爱惜自己的东西，拿出的东西会不会归回原位，等等；其次是看沟通，老师不仅会跟家长聊，也会观察孩子在干什么，看看他们有没有倾听、敢不敢发表自己的意见；再次是看父母在家庭教育中参与度高不高，能不能聊聊孩子的学习状态；最后看孩子的学习环境，看一下房间摆设、玩具、书本整理得如何，有哪些书籍。老师在观察的时候，还会跟父母或者孩子一起聊一聊这些内容。

 家访是双向了解的过程

家访，不能简单定义为是因为孩子在学校"有问题"，老师才会来。家访其实是家长和老师之间相互交底、双向了解的过程。不仅老师会在家访的过程中"考察"家长和孩子，家长和孩子同样也在进一步了解老师。这个老师严不严厉？能不能管好我们家孩子？我今后能好好配合老师吗？这些问题都可以在老师家访过程中获得答案。

家访是老师与家长建立良好沟通关系的重要机会，通过面对面的交流，老师可以更好地了解家长的期望和需求，同时也让家长了解学校的教育理念和教学方法。这有助于双方在教育孩子的问题上达成共识，共同为孩子的未来努力。

 **"套近乎"也要保持边界感**

有的家长认为多了解老师的私事，也是拉近关系、"套近乎"的一种方法。面对要相处几年的老师，家长们都想更详细地了解老师，比如老师的性格是怎样的，是雷厉风行还是细腻耐心？有些家长看到年轻老师会担心老师的经验是否丰富，

甚至直接问老师："老师，你大学刚毕业吗？教了几年了？"

另外，家长不要过度打听老师的私事，比如说婚恋状况、工资等。这些实际上都是越界的一种表现，老师和家长之间也是需要边界感的。

话术模板

从跟学校有关的话题切入

1. 老师，我家孩子回家后经常提起班级里的趣事，也经常跟我说班主任对他很好。看得出来，孩子真的很喜欢这个班级。

2. 老师，您作为班主任，肯定对孩子的家庭教育有一些见解，我想跟您多学习学习。

3. 老师，我听说最近班级里举办了一些很有意义的活动，您一定花了很多心思吧？这些活动给我家孩子带来了很大的影响呢！

想跟班主任拉近关系，不一定总是聊孩子的情况。学校以及班级里的活动或者有趣的事情，都可以聊，同时也可以表达我们对班主任所做的工作的认可。同时，家长也能在与班主任的交流中学到一些东西。

介绍孩子的具体情况

1. 老师，孩子进入学习状态挺快的，就是维持不了多久，总是走神。

2. 老师，我想跟您简单介绍一下孩子的情况。孩子性格比较内向，平时也不怎么爱说话。

3. 老师，我家孩子平时比较调皮，很喜欢跟别人聊天，太活泼了。

家长可以重点介绍自己的孩子，说明孩子的性格特点，主动跟老师说明情况，便于班主任以后对孩子的管理。最好用简洁、清晰的几个词概括孩子的特点，让班主任能够快速了解孩子的情况，而不要长篇大论。

表达配合的意愿

1. 老师，我一定会积极配合您的工作，有任何问题，您都可以跟我沟通。
2. 老师，我知道您平时比较忙，孩子有什么情况您都可以跟我反映。
3. 老师，我们家长和孩子都会积极参与您组织的活动，有什么我能帮上忙的，您都可以来找我。

班主任除了平时的教学工作，还要负责关照孩子的生活和学习，以及组织各种班集体的活动。所以，对于班主任来说，家长的理解和配合是非常重要的。我们在了解班主任的工作要求和期望后，应该表达积极配合班主任工作的意愿，协助对方管理和教育孩子。

❹ 过节给班主任送祝福，
　　 如何说既有心意又有诚意

不论是教师节还是传统节日，都是家长向那些辛勤付出的老师表达感激之情、送上祝福的时刻。简单一句温暖的祝福，不仅能让老师感受到我们的真诚，还能让彼此的沟通更为顺畅。

这天是教师节，从早上 8 点开始，班主任的手机就响个不停。最开始是小静的妈妈带头在家长群里祝福老师："您用知识的火炬点亮了孩子的未来，教师节到来，祝您节日快乐！"后来，群里所有的家长都开始给老师发祝福语。

小静的妈妈接着说："为了表达我们家长对老师的祝福，我觉得大家应该给老师买点礼物。不如这样，每个家长出 100 元，给老师送一束鲜花和一套化妆品，怎么样？"小静的妈妈一说完，群里就瞬间冷场了。班主任只能出面说："谢谢大家的祝福，礼物就不用了，学校规定老师是不能收礼物的。只要各位家长能支持我们的工作，我们就万分感谢了。"

家长们可能觉得送给老师的祝福看起来干巴巴的，没有新意，也不足以表达自己的心意，所以逢年过节的时候，总希望为老师精心准备一份礼物，以表达对老师的感激与祝福。但家长想要送出自己的祝福，也没必要送礼，找对送祝福的方式，表达出自己的诚意即可。

送祝福的注意事项

注意时间： 送祝福的时间要适当，不要过早或过晚。如果是在节日当天送祝福，可以选择在上午或中午，避免在老师忙碌的时候打扰他们。如果提前送祝福，也不要提前太多天，以免老师忘记。例如，在教师节前一天或当天早上给老师送祝福，既能让老师感受到你的用心，又不会给老师带来压力。

尽量不要群发： 有些祝福语看起来辞藻华丽，也没有指明这条祝福是发给哪位老师的，老师一眼就能看出来是群发的，这就显得家长很没有诚意。

不要在祝福语中夹带暗示： 比如"老师，希望您以后能多关注我家孩子，我会一直记着您的好"，这种表达会让老师感到不舒服，也违背了教育的公平性原则。

不拘泥于表达祝福的形式

家长向老师送祝福的形式有很多种，不仅仅拘泥于给老师发几句话。

发短信、微信： 这是最基本的祝福方式，可以直接跟老师对话，有些不方便说的，用文字的形式也能更好地表达。

写信： 亲手给老师写一封信，在信中，可以详细地表达对老师的感激之情，回忆一些与老师相处的难忘瞬间，以及老师对自己的影响等。老师收到之后可以收藏，或者反复阅读。

拍摄孩子祝福的小视频： 视频中家长和孩子都可以表达对老师的祝福，也可以拍摄一下给老师做手工礼物、手工贺卡的过程。

当面祝福： 用真诚的语言和眼神，直接表达对老师的感激和祝福，会让老师感受到特别的温暖。

话术模板

带入具体的回忆

1. 老师，还记得那次孩子在学习上遇到困难，您耐心地给他讲解。在这个特别的日子里，我们衷心感谢您的付出，祝您节日快乐！

2. 孩子总是对我们说，班主任一直在关心她，是她最喜欢的老师。上次孩子成绩下降很多，您一直在鼓励她，让她重拾信心。今天是教师节，我作为孩子家长，由衷地感谢您，祝福您节日快乐！

3. 老师，祝您节日愉快！我实在是忘不了那天孩子受伤，您为孩子跑上跑下，还一直温柔地安慰孩子。您是一个好老师，祝您幸福安康。

祝福的话语要真诚，发自内心地表达对老师的感激和敬意。避免使用过于华丽但空洞的辞藻，要让老师感受到你的诚意。回忆一些老师对自己或孩子的具体帮助，然后表达感谢和祝福之情。

在祝福中肯定老师的付出

1. 老师，您的课总是充满活力，让孩子们在轻松愉快的氛围中学习知识。您对每个孩子都那么关心和爱护，我们家长都看在眼里，感激在心里。祝您节日快乐，身体健康！

2. 今天是您的节日，老师辛苦了！感谢您每一天的辛勤付出，孩子各方面都有了很大的进步。在这个特殊的日子里，希望老师能度过愉快的一天。

3. 感谢老师的辛勤付出，孩子能遇到您这么好的老师，能在这么好的环境中成长，真的很幸运。谢谢您，祝您节日快乐！

在祝福中肯定老师的付出时，会让老师感到自己的努力没有白费，从而产生强烈的成就感。我们在祝福的同时，也可以多表达对老师所做的工作的认可。

附上美好的祝愿

1. 老师，相信在您的教导下，孩子会茁壮成长。祝您在未来的日子里，收获更多的喜悦和成就。

2. 愿您的教育事业如日中天，培养出更多优秀的学子。老师，祝您生活充满希望，未来更加辉煌。

3. 老师，期待您继续在教育的舞台上绽放光彩。祝您一切皆如意，生活满是惊喜。

祝福不仅仅是家长对老师的感谢，也是对老师的美好祝愿，可以祝福老师事业顺利，也可以祝福老师身体健康。各种对于未来的展望，都可以放在祝福里。

5 表达感恩、感谢的话，怎么和班主任说

有些家长理所当然地认为，班主任就算干得再好也是应该的，没有什么好感谢的。还有一些家长不仅不感谢，还认为如果把学生教不好，或者孩子在学校出了什么状况，都是班主任的失职。

老师的付出值得被感谢

朵朵最近成绩总是上不来，班主任就提前一天给朵朵妈妈发消息，让她第二天放学来一下学校，好好沟通一下朵朵的成绩问题。

第二天放学，朵朵的妈妈姗姗来迟，班主任就抓紧时间提了一些问题和建议，但朵朵的妈妈总是心不在焉，听完了也只是随便敷衍地感谢了一下班主任："谢谢老师，我都知道了。我还有事，就先带孩子走了。"

班主任见状，只能点点头。妈妈拉着朵朵，头也不回地走了。

老师的工作不仅仅局限于课堂教学，还包括备课、批改作业、辅导学生、组织活动等。他们通常需要花费大量的时间和精力来完成这些工作，为了学生的成长和进步默默奉献。而且老师不仅仅要教授知识，还要培养孩子的品德和价值观，付出的远比我们看到的要多。

家长要能够体会到老师工作的辛苦和不易，更应该真诚地表达感激之情。这

种表达不仅是对老师工作的认可，也是对他们无私奉献的一种尊重。

不真诚地感谢，等于做无用功

感谢空洞：感谢只是泛泛而谈，没有具体内容。比如：只说谢谢老师，而没有提及老师具体做了什么值得感谢的事情；使用过于笼统的赞美之词，缺乏针对性。

态度敷衍：感谢老师时很随意，不认真对待。比如，只用简短的几个字回复，而且语气很冷淡，没有表现出应有的尊重和感激。或者，在与老师交流时，心不在焉，没有认真听取老师的意见和建议。例如，老师在讲述孩子的情况时，家长不停地打断或者表现出不耐烦的情绪。

缺乏行动配合：只在口头上感谢老师，但在实际行动中却不配合老师的工作，不积极采取措施。例如，老师要求家长关注孩子的学习，家长只是敷衍了事。

话术建议

孩子进步时感谢

1. 老师，孩子这次考试成绩有了很大的提高，这都是您的功劳。您的教学方法非常有效，孩子也越来越有学习动力了，感谢您！

2. 看到孩子的成绩进步这么大，我们真的特别开心。这离不开您的精心辅导和鼓励。谢谢您，老师！

3. 老师，非常感谢您！前段时间孩子成绩下降不少，您及时发现了问题，还鼓励他树立信心，孩子现在的状态越来越好了。

孩子在成绩上获得很大的提升，不仅是孩子在努力，老师也在努力。此时家长就可以适当感谢一下老师，提一提老师的付出，说一说孩子获得了哪些进步。

孩子遇到困难时感谢

1. 记得有一次孩子生病，您不仅在学校为他忙前忙后，下班之后还关心他的身体状况，帮忙补习他落下的课程，我们真的很感谢您。

2. 老师，非常感谢您！前段时间孩子在学习上遇到了困难，情绪有些低落。您及时发现了问题，还鼓励他树立信心，孩子现在的状态越来越好了。

3. 孩子在学校被欺负时，是您第一时间站出来给孩子主持公道。您就像孩子的守护者，我们感激不尽。

在学校，班主任其实就是除了父母之外孩子最亲近的大人了，很多问题和困难都是老师帮着解决的。在孩子的问题得到解决之后，父母应该及时对老师表达感谢，感谢老师帮了哪些忙、做了哪些关键的事情。

参加学校活动后感谢

1. 老师，这次学校的活动举办得非常成功，孩子在活动中收获了很多，感谢您的精心组织和付出。

2. 通过这次活动，我们看到了您对孩子们的用心和负责。您不仅让孩子们学到了知识，还培养了他们的团队合作精神，真的非常感谢您。

3. 这次辩论赛非常成功，谢谢您的指导，我家孩子变得更加自信和开朗了。

学校组织的活动对孩子发展有很大帮助，班主任也出了很大的力。活动结束之后，家长可以对班主任表达自己的感谢，特别是如果孩子在活动中获得了什么奖项，要着重感谢一下。

文化涵养与情感相结合

1. 感谢您如春雨般滋养孩子的心灵，您的辛勤耕耘必将换来满园芬芳。

2. 春风化雨，润物无声，感谢您一直以来的辛勤付出，让孩子的英语口语进步神速。

高情商家长的感谢，不仅是对老师职业的尊重，更是对传统美德与现代教育价值的传承和发扬。在表达感谢时，家长可以结合当代教育与传统文化中的师道观念，将文化与情感有机结合，使感谢之言更有深度。

感同身受

1. 您的每一分付出，孩子都铭记于心，感谢您不辞辛劳地陪伴和指导。

2. 您的孩子也正是需要照顾的时候，您却将更多的时间花在了自己的学生身上。如果没有您的殷切教诲，孩子也不会变得这么优秀。

我们需要站在老师的角度，体会老师工作的艰辛，从而用简短而富有同理心的话语打动老师的心。这种感恩不仅仅是对老师付出的肯定，也是对其辛勤劳动的尊重。

6 孩子转学，怎么和新老班主任沟通

孩子刚转学的时候，家长对新学校有很多不了解的地方，所以与新班主任进行适当的沟通是非常必要的。这不仅有助于了解孩子在学校的表现和需求，还能让班主任更好地了解孩子的个性和特点，从而为孩子提供更好的教育。

因为妈妈工作调动，妮妮全家都要搬到另一个城市生活，妮妮也需要跟着一起转学。送妮妮去新学校那天，妈妈特意去找新班主任交流："老师您好啊，我是妮妮的妈妈。这孩子中途转学过来，就拜托您的照顾了。"

班主任很耐心地对妮妮的妈妈说："您放心，妮妮很聪明，我相信她很快就能融入班集体了。"妮妮的妈妈一下就感动了，拉住班主任的手说："老师您真有耐心、真温柔，不像孩子之前那个班主任，可凶了。"班主任尴尬地说："老师都是为孩子好，可能每个老师的教学方式不一样。"

孩子刚刚转学到了一个新的学校，作为家长，我们可能会感到有些紧张和不安。新的环境、新的老师、新的同学，这一切都可能会让孩子感到陌生和不适应。我们需要尽快与新班主任建立联系，帮助孩子更好地适应新环境。

尊重新旧老师之间的差异

新旧班主任之间，可能在教育理念、教育方法等方面存在差异。

家长最好能尊重这些差异，认识到每位老师都有自己的观点和做法。当我们跟新班主任出现分歧时，可以尝试从老师的角度去思考问题，理解他们的立场和考虑因素。同时，也可以分享自己的观点，但要以平和的方式表达，而不是强行要求老师接受自己的意见，更不要直接对新班主任说他不如原来的班主任。

话术模板

跟原班主任好好道别

1. 一直以来都非常感激您对孩子的教育和关心。孩子在您的班级里成长了许多，我们作为家长都看在眼里，记在心里。真的特别感谢您的辛勤付出。

2. 因为我们工作调动，要到另外一个城市生活，所以不得不给孩子转学。即使到了新学校，孩子也会继续努力学习，不辜负老师的期望。

3. 谢谢老师长期以来对孩子的照顾，现在孩子要换新的学校了，也祝愿老师工作顺利。

转学有不少手续都要跟原班主任打交道，所以尽管孩子要转学了，家长也要好好跟原来的班主任道别。家长可以感谢老师一直的付出，表达自己的感恩之情，也可以适当提一下转学的原因，让原班主任知道孩子的情况。

给新班主任交代孩子在原学校的情况

1. 我们家孩子性格比较开朗活泼，很容易和同学们打成一片。但有时候可能会有点小任性，还希望您能多多包容，引导他更好地与同学相处。

2. 孩子之前的学习成绩还算稳定，不过有时候可能会有点粗心大意。希望在您的教导下，他能更加细心，不断提高学习成绩。

3. 孩子比较内向害羞，不太善于主动表达自己。希望您能多给他一些机会，鼓励他勇敢地参与班级活动，慢慢变得更加自信。

不论是中途转学还是升入新年级，班主任都想尽快了解孩子各方面的状况。家长可以从性格、学习习惯、以往的成绩、特长等方面，跟新班主任交代一下，帮助老师更好地了解孩子的情况，以便因材施教。

了解新班级的情况

1. 老师，我想了解一下班级的学习氛围怎么样。

2. 老师，咱们班的教学进度会不会很快？我担心孩子跟不上。

3. 我想请教一下您，孩子需要提前做哪些准备才能更好地适应新的学习环境？

除了向班主任介绍孩子的情况，家长也要主动了解新班级的情况。比如，向班主任了解新班级的学习氛围、教学进度、规章制度等情况，帮助孩子尽快适应新的学习环境。

关注孩子的适应情况

1. 老师，我家孩子这几天上课表现怎么样，能适应吗？

2. 老师，孩子转学后感觉有点不适应，情绪有点低落。我们很担心他，不知道该怎么办。您有什么好的建议吗？

3. 孩子刚来，他之前英语就不太行，不知现在能否能跟上您的进度？

在孩子转学后，家长要密切关注孩子的适应情况，及时与新班主任沟通反馈，帮助孩子尽快融入新的班级。

7 收到班主任信息，别再只回"收到""谢谢"

孩子上学之后，家长们不仅会加班主任的联系方式，还会建立微信群。家长们收到学校通知、班级通知、老师的私聊消息的时候，是该直接回复"收到""谢谢""辛苦了"，还是该多说几句呢？

有的消息，回复"收到"即可

马上就要开运动会了，班主任在班级群里给家长们发消息："各位家长好，运动会将于本周四、周五举办。运动会当天到校时间不变，放学时间另行通知。感谢各位家长积极配合，收到请回复。"

浩辰的妈妈看到了消息，第一时间就回复道："消息已收到，感谢班主任的付出，班主任辛苦了！浩辰也报了项目，争取为班级争光！"除了浩辰的妈妈，其他家长有跟着感谢老师的，也有陆续回复"收到"的。

班主任看到了消息，说道："很感谢各位家长对我的工作的支持，下次直接回复'收到'就行，这样也方便我收集信息。"

有些消息需要家长回应，老师才能知道家长是否确认了消息，以便安排下一步的工作，这对家长、老师来说都是有效的沟通。比如，学校明天有一个重要活动，需要家长提醒孩子穿好校服、系好红领巾。或者，学校下发了某个文件，需要让学生带回去给家长签字。

老师一般会在这类比较重要的消息后面加上"收到请回复",此时家长回复"收到"就没什么问题,不需要额外的"谢谢老师""老师辛苦了"之类的话,说这些反而会影响老师处理消息的效率。

有的消息甚至可以不回复

在有的家长群里,老师们会把每天的任务和每天学生的学习情况告知所有家长。不过每个群内家长数量都比较多,一旦有部分家长回复"收到",就会影响其他家长阅读老师发布的信息,甚至有的家长会因为信息数量太多,而没有注意到老师发布的消息。

所以,在有的班级家长群,班主任会明确提出要求:老师发布的消息,家长不必回复,特殊情况需要与老师沟通请私信。这样的群我们称之为"禁言群",只单方面接收信息,防止"刷屏"。

私聊需要家长有内容的回应

一般班主任私下发消息或短信,都是针对个别学生的问题,这时候相当于老师反馈孩子的情况。比如,孩子最近在学校的表现,孩子最近成绩的起伏,孩子哪一科成绩有些落下了,等等。

此时无论是好还是坏,或者是否需要进一步交流,家长如果只回复"收到"就有点生硬了。这样的消息不仅需要家长及时回复,回复内容还应言之有物,以保证这次的交流是有效果的。

话术模板

通知类的消息，简短回复

1. 收到，感谢老师的告知，我们会按要求做好准备。
2. 收到，一定配合学校的安排，感谢老师。
3. 收到，孩子一定积极报名，谢谢老师提供机会。

　　一般的活动通知、课程安排调整等信息，老师通常希望家长知晓并确认。为方便老师统计消息，家长回一条消息就足够了，并且不宜过长。

事务沟通类消息，真诚传达意见

1. 老师，对于您说的这件事，我有几点拙见，我认为可以从以下几个方面考虑。
2. 很高兴老师来寻求我的意见，下面是我的几点看法，您可以参考一下。
3. 老师，您分享的方法和资源非常实用，我们会认真学习和运用，感谢您如此用心。

　　老师就一些学校的事务或活动征求家长的意见或建议，家长可以认真思考后回复自己的看法，注意语气要诚恳谦虚，后面提的意见也要真诚实用一些。

对孩子成绩的反馈，回复问题或者即将采取的行动

1. 谢谢您让我们了解了孩子的学习情况。我们会和孩子一起查找原因，制订学习计划。

2. 谢谢老师反馈，他最近在数学上有哪些具体的提高呢？

3. 老师，您提到的这个问题我想多了解一下，具体是什么情况呢？我们好针对性地和孩子沟通。

孩子成绩无论是上升还是下降，老师给予家长反馈，家长在回复的时候，都要表达对老师的感谢，然后表明自己会重视并采取措施，或者进一步询问老师，仔细了解情况。

对孩子行为表现的反馈，表达感谢或者歉意

1. 老师，感谢您对孩子的认可和表扬，这对他是很大的鼓励。

2. 谢谢您的反馈，我们会继续教导他做一个品学兼优的好学生，继续努力。

3. 老师，真的很抱歉，给您添麻烦了。我们会严肃地教育孩子，让他认识到自己的错误。

老师对孩子行为表现上的点评和反馈，是为了对家长进行鼓励或提醒。家长在回复的时候要尽量配合老师，认可老师的点评，表达对老师支持的态度。

第三章

找班主任了解孩子情况，
这样沟通更有效

① 孩子成绩下滑，
如何和班主任沟通

孩子的成绩是家长们最关心的事情，如果孩子的成绩变差了，家长肯定会着急。但家长除了自己干着急，盲目给孩子报补习班，还可以多找班主任沟通一下，一起找出帮孩子提升成绩的方法。

一次考试之后，爸爸拿着试卷，看到小飞的成绩又下滑了，气得不行。思来想去，他还是给班主任打了个电话。爸爸说："老师，小飞怎么又退步了？我真是气得连饭都吃不下去了。"

班主任回复道："小飞的成绩跟上次相比，确实有些退步，但您也别着急，先分析孩子到底哪里错得多，再慢慢补。"

爸爸说："您说我能不着急吗？马上就要期末考试了，成绩总是没有起色，也不知道怎么回事，我感觉我什么方法都用了啊。"不等班主任说话，爸爸就继续抱怨，"您是不知道，他在家里总是不专心学习，只要我一会儿没盯住，他就不看书了。这样成绩怎么上得去啊？也不知道他上课是不是也这样，老师要多提醒他才好。"小飞的爸爸就这样跟班主任抱怨了十多分钟，最后因家里有事，才挂了电话。

孩子成绩下降，有些家长总是一味地跟班主任抱怨，甚至在言语间还隐隐有责怪老师的意思。但这样做并没有用，既不能帮助孩子提高成绩，还会影响老师跟家长之间的关系。想要提升孩子的成绩，需要家长和老师一起努力。

拒绝"孩子一退步就怪老师"

家长为孩子的成绩感到焦虑是正常的，如果认为自己没办法帮孩子提高成绩，他们就会把过高的期望放在老师身上。而当老师没有达到家长的期望，孩子的成绩还下降了的时候，他们可能就会把矛头指向老师。但老师与学生之间是一对多的关系，老师可能会稍微关注一下成绩差的孩子，但也不能保证孩子的成绩一定能提升。

所以，当孩子成绩退步的时候，家长首先要保持冷静，自己先客观分析孩子成绩下降的原因，跟孩子聊一聊在学习上有什么困难，然后带着自己和孩子的问题，进一步跟老师沟通，一起找解决办法。

话术模板

探讨原因和解决方案

1. 老师，您觉得孩子成绩下降可能是什么原因导致的呢？
2. 老师，您有没有什么好的学习方法能提升孩子的数学成绩？我想学习一下。
3. 您尽管说，有好的方法我们肯定会积极尝试的。

孩子成绩下降，家长着急，老师也着急，但家长也不要"病急乱投医"。好的方案都是探讨出来的，家长不必太纠结于成绩下降的结果，而要积极跟老师探讨提升成绩的方法，多找原因，多听建议。

分享自己的分析

1. 老师，孩子在家的时候总是坐不住，我觉得可能就是因为他不专心，才导致了成绩下滑。您觉得是这样吗？

2. 我们家长也在反思自己的教育方式，不知道在哪些方面可以改进，更好地帮助孩子提高成绩。

3. 老师，这次孩子语文成绩特别差，他说文言文看不懂，是不是古文也要课外拓展一下？

老师不一定会一下子就给出适合孩子的方法，家长可以自己先分析一下孩子为什么这次会考得这么差，带着自己设想的解决办法去询问老师的看法。然后家长和老师一起总结，找出适合提升孩子成绩的办法。

落实后积极反馈

1. 老师，我们按照您的建议做了一段时间后，孩子有了一些进步，但还是存在一些小问题。我们想请教您接下来还有什么建议？

2. 老师，听您说孩子在解题方法上存在一些问题后，我们给孩子找了相关的辅导资料并陪着他一起练习，现在孩子在做题的时候思路清晰多了。

3. 孩子现在学会了主动预习和背诵单词了，您看看后面还可以安排什么？

在家长落实了老师给出的建议之后，还可以定期与老师进行沟通，了解孩子的学习进展，并根据老师的反馈进行调整。这样既可以确保改进后的学习计划是有效的，还能及时解决可能出现的问题。

❷ 想了解孩子的作业情况，怎么和班主任沟通

孩子的作业问题是让家长头疼的一大问题，不论是家长向老师请教，还是老师向家长反映，双方互相沟通一下孩子的作业问题，都有助于了解孩子的学习状态，及时解决问题。

晚上9点钟，奕辰拿着自己不会的数学题来找妈妈，妈妈解了半天都解不出来。眼看着时间已经很晚了，妈妈担心孩子的作业完不成，就直接把作业拍了张照片，在微信上发给了老师，说："老师，这道题我解不了，您看看该怎么解？"妈妈见老师没有回复，又发了几条消息："您帮我看看吧。""这次作业太难了，那我就让孩子先空着了。"

第二天老师回复了消息："这类题型我课上都讲过的，可以让孩子试着写一下，之后还不会可以让孩子来办公室找我，我晚上有自己的事情要忙，可能回复不及时。"

孩子作业不会做、不想做，就拖着不做，甚至直接偷懒，甩给父母解决，而父母解决不了的，又甩给老师解决。这样孩子根本不能达到巩固和提升的目的，老师跟父母也不能从作业中看出孩子到底学得怎样，沟通也就失去了意义。

别把老师当作"答题机器"

作业终究是要孩子自己独立完成的，这是为了检验孩子的学习效果，同时帮助孩子复习当天的学习内容。而老师鼓励家长多反映孩子的作业完成情况，并不是鼓励家长拿着题目来问老师，让老师帮着做题。

家长要反映的是孩子对待作业的认真程度，老师向家长反映的是孩子完成作业的质量，有没有按时交。老师让家长关注孩子的作业情况，不是让家长给老师交差，而是为了通过孩子的作业，找出与之相关的学习上的问题，然后让孩子慢慢改进。

话术模板

主动询问作业完成情况

1. 老师，孩子在各学科作业的表现上，有没有什么突出的地方或者需要改进的地方呢？

2. 老师，这几天我有点忙，没怎么关注孩子的作业情况。他最近作业完成的质量怎么样？

3. 老师，孩子总跟我说作业太多了，也不知道他做没做完。他最近的作业都有按时交吗？

有时家长可能不了解孩子的作业完成情况，这时就可以主动去问问老师，确认孩子有没有好好完成作业，同时认真倾听老师提供的意见。

反映在家做作业的表现

1. 老师，孩子在家里做作业的时候，我们发现他总是容易分心，不知道在学校有没有类似的情况呢？
2. 孩子一写作业就喜欢拖，我盯着也没用，您有什么好方法吗？
3. 有些题目努力思考一下，孩子是能做出来的，但他总是来问我，老师您给支支招吧。

家长在了解孩子的作业情况后，可以在家中给予孩子适当的辅导和支持，同时也可以将孩子在家的表现反馈给老师，比如作业的完成时间、程度或写作业时遇到的困难，向老师有针对性地寻求意见，让孩子完成作业更加顺利。

针对反馈的问题，积极反映和交流

1. 孩子的作文确实是他的弱项，开头怎么也写不好，您有什么好方法吗？
2. 孩子字迹这么潦草，大概是急着出去玩儿，我会盯着孩子练字的。
3. 他最近的作业确实错得有点多，可能上完课也没复习。我给他制订个复习计划，您看行吗？

孩子作业完成情况不佳的时候，老师通常都会把问题反馈给家长，此时家长应该重视起来，针对孩子在作业上的问题，积极采取行动改正，并且跟老师一起商量该怎么解决。

3 孩子偏科，怎么和班主任沟通

孩子偶尔考不好是很正常的事情，但如果有一两个科目的成绩长期上不来，就需要家长引起重视了。这时候可以跟班主任沟通一下，重点聊一聊孩子的偏科问题，避免孩子被这些科目"拖后腿"。

抱怨老师不能解决问题

妈妈看着曼妮语文试卷上刚及格的分数，非常着急，就急忙拿出手机来联系班主任。

妈妈发消息说："老师，您看看曼妮这个语文分数，可怎么办啊？她其他科目成绩都很好，就是语文成绩上不去。"

过了一会儿，班主任回复道："曼妮确实偏科有点严重，您有跟她沟通过吗？"

妈妈说："我问过了，她说她不喜欢语文老师，上课很无聊，不想听。您说是不是这个新来的语文老师不太行啊？是不是太年轻了，没什么经验？"

班主任说："这个您放心，我们的老师都有着多年的教学经验，可能是孩子还没有适应老师的教学方式。"

孩子偏科有很多原因，家长不能单纯地问责老师，或者将孩子偏科的问题完全归咎于老师的教学方法或老师对孩子的关注度不够。每个老师都有自己的教学风格，而且老师需要面对很多学生，也要顾及大部分学生的学习情况。家长的抱怨只会让老师感到委屈和抵触，会破坏原本良好的沟通氛围。

在跟老师交流孩子情况的时候，家长应该把重点放在问题和解决方法上。如果家长过多地表达自己的不满和怨愤的话，不仅令老师尴尬，对孩子也是没有任何帮助的。

家长有时能做的很有限

从初中开始，一些科目的难度会明显上升，家长能帮得上孩子的地方其实很有限。这个时候，家长就要向老师寻求帮助了。不仅要多跟老师讲讲孩子每天回家后的学习安排、学习状态，还要讲一讲孩子在落下的科目上，目前用的是什么样的学习方法。比如英语不好，孩子现在是每天在背单词，还是在刷题？老师会从专业的角度告诉家长，现阶段这个方式是不是有用。

话术模板

描述孩子偏科的情况

1. 老师，我们发现孩子的语文成绩不太理想，与其他学科相比有较大差距。比如在最近的小测验中，他的语文成绩明显低于平均水平。

2. 孩子数学作业完成情况不太好，我们家长帮不上什么忙。我很担心这个问题会影响孩子成绩，让他偏科越来越严重。

3. 老师，孩子的英语成绩一直都非常好，考试经常能拿到高分。但是数学成绩不太好，作业也经常出错，考试成绩也总是在及格线边缘徘徊。

家长可以从这个学科的整体角度出发，通过不同学科之间的对比和孩子成绩的变化趋势，来描述孩子偏科的情况，同时还可以适当向老师表示自己的担忧和焦虑。

分析造成偏科的原因

1. 我们也思考了一下孩子偏科的原因，可能是学习方法不太对，他太喜欢死记硬背了。
2. 我看孩子每天都在努力背单词，但成绩还是不好，是不是还要多练习阅读？
3. 老师，我们觉得孩子偏科可能是因为兴趣问题。他对语文就特别感兴趣，平时就喜欢阅读各种书籍，写作文也很积极，但对数学好像就没那么大热情。

家长可以从兴趣、学习方法、心理因素等方面，向老师说一说自己了解的孩子偏科的原因，跟老师一起探讨一下孩子为什么会偏科。老师了解得多了，更容易给出准确的建议。

请教老师如何解决偏科的问题

1. 老师，您觉得我们家长应该从哪些方面入手，帮助孩子提高语文成绩呢？
2. 在学校里，老师有没有什么好的方法可以激发孩子对英语的学习兴趣呢？
3. 老师，孩子因为偏科有点自卑，对薄弱学科也有点抵触情绪。您觉得我们该怎么帮助他调整心态，积极面对偏科问题呢？

家长可以向老师询问某个学科的成绩该怎么提升，有什么好的学习方法，也可以从兴趣、动力、心态等方面入手，向老师寻求有关矫正偏科状态的建议。

4 孩子有厌学情绪，怎么和班主任沟通

孩子可能会突然出现一些"叛逆"行为，比如不想背书、不想写作业，甚至故意迟到、故意逃课，就是不想学习。这很有可能是因为孩子出现了厌学情绪，家长此时最好能积极跟班主任沟通，一起找到解决办法。

家长要避免释放消极信号

还没上课，班主任就收到了莹莹的妈妈发过来的短信："老师，今天莹莹请假一天，不去学校了。"

因为莹莹请假实在是太频繁了，于是班主任询问道："这个月莹莹已经请假三次了，您能跟我说说孩子具体有什么事吗？"

妈妈开始倒苦水："我是真拿她没办法，在家里跟我犟，就是不想去上学。我问她为什么，她也不跟我说，只说就不想去。"妈妈又说："这孩子真的是难管啊，我说什么她都不听，我是没办法了。"

如果家长比老师先放弃，就是在给老师释放消极信号，潜台词就是："这孩子我管不了了，就看老师您怎么管了。"

而想要解决孩子厌学的问题，则需要家长和老师共同努力。家长要多关心孩子的学习状态，以及帮助孩子减少学习压力。老师需要配合家长，多给孩子鼓励，

帮助孩子解决学习上的难题，减少孩子的畏难情绪。一旦有一方放手，比如家长消极应对孩子的厌学问题，老师想帮忙也会力不从心。

孩子厌学有哪些表现

有时候孩子表现得有一点对学习不上心，家长就火急火燎地找老师，这样做其实并没有什么作用。孩子可能只是短暂地感到学习压力大，想要休息调整一下自己。真正的厌学是有具体表现的：

轻度厌学： 孩子对学习产生抵触情绪，无论是上课还是写作业，注意力都不集中。完成学习任务或者作业的时候，他们开始敷衍了事。这个阶段主要表现为思想上的怠惰和厌恶。

中度厌学： 孩子开始付诸行动，开始迟到、旷课、不听讲，上课时只会趴着睡觉或者干别的事情。他们在学校里的人际关系也开始变差，不喜欢跟同学打交道，也不跟老师打招呼。

重度厌学： 这个阶段心理问题会比较严重，孩子对学习充满了抗拒和恐惧，心理上很自卑，不敢面对老师和同学，也不想回到学校。生理上也会产生抗拒反应，孩子一接触学习就会心慌难受，甚至失眠焦虑。

孩子为什么会厌学

家长要先分析孩子厌学的原因，了解孩子为什么会厌学，才方便带着问题去找老师寻求建议。

没动力： 孩子在学习上看不到希望，总是被自己不理想的成绩打击，认为成绩不好就是自己的能力不行，从而丧失了努力学习的动力。

不会学： 孩子没有掌握正确的学习方法，导致自己怎么努力都不能让成绩有起色。自己铆足了劲儿学，还不如别的同学随便学学的成绩好，他们自然就想放弃了。

学不会：孩子的某些能力确实有所欠缺，比如记忆力、想象力、逻辑能力等。但这些能力都是可以通过训练提升的，孩子找不到提升方法，进入"越不会越学，越学越不会"的恶性循环，进而产生厌学情绪。

家庭原因：父母给的孩子定的期望太高，给孩子的压力太大，孩子为了逃避而厌学。

学校原因：孩子在学校经历过不好的事情，不是因为不喜欢学习，而是不想去学校。

话术模板

仔细描述孩子厌学的表现

1. 孩子最近总是跟我抱怨学习压力大，跟不上进度，感觉学习越来越没意思了。
2. 孩子对学习的兴趣明显下降了，作业也不认真做，总是找借口逃避学习。
3. 孩子跟我说他上数学课听不懂，就不想听了。

家长详细描述出孩子厌学的状态，可方便老师了解情况，也方便老师采取相应的措施。家长可以从孩子的学习态度、作业的完成情况等方面描述。

沟通时展现自己的责任感

1. 我知道孩子不是故意不听课的，应该是跟不上，您看看有什么方法能让孩子跟上。

2. 这都是我们家长的责任，可能是我对她太严厉了，导致她现在没什么自信。

3. 这几次考试成绩都不太理想，孩子就有点懈怠了。我在想办法鼓励他，老师您还有什么好的建议吗？

家长在跟老师沟通孩子厌学问题的时候，最好能展现出自己负责任的态度。家长可以向老师表示自己了解过孩子的情况，愿意努力，或者已经努力行动，老师才更愿意积极配合。

请老师多鼓励和包容孩子

1. 我家孩子最近出现了厌学情绪，我特别担心。您能不能找个机会鼓励鼓励他呢？您的一句话可能会让他重新燃起对学习的热情。

2. 老师，孩子现在对学习有些抵触，我们做家长的很着急。请您在学校多关注他一下，给他一些鼓励和肯定，让他知道自己是有能力学好的。

3. 我们相信您的鼓励对孩子来说是最有力量的，希望您能在适当的时候给他一些激励，让他勇敢地面对学习的挑战。

老师的鼓励，对于厌学的孩子来说其实很重要。虽然老师可能没有太多的时间来关注孩子，但家长可以用诚恳的语言来请老师多鼓励、多夸一夸孩子。

❺ 孩子情绪低落，怎么和班主任沟通

有的孩子心情不好，甚至在家里跟父母发脾气，父母也想知道孩子到底为什么会这样。他们没办法跟情绪不好的孩子谈，就只能找老师询问情况，以便尽快解决孩子的情绪问题。

妈妈发现佳佳放学回来之后，情绪就一直很低落，饭也没吃多少。妈妈也不知道怎么办，于是就打了个电话给班主任。

妈妈："老师，佳佳回家后就一直心情不好，我问她发生什么了，她也不跟我说。我想问一下，她在学校是发生什么事情了吗？"

班主任："我看佳佳今天状态还可以，就是没有之前那么爱说话了，也没去找别人玩儿。您可以问问佳佳是不是跟朋友闹矛盾了。"

妈妈："这样啊，那应该是这个问题。我再去跟佳佳好好谈谈，麻烦老师了。"

班主任："不麻烦，孩子的情绪问题也是不容忽视的。您开导一下佳佳，多关心关心她，应该就没事了。"

家长为孩子情绪低落而着急，就想问问老师到底是怎么回事，但也不必太急躁。老师每天要面对那么多孩子，可能无法准确地关注到每个孩子的情绪问题。家长可以借助老师大致的描述，再结合孩子自身的情况，找到孩子出现情绪问题的原因。

孩子的心理健康不容忽视

有些家长可能不会关注孩子的情绪问题,甚至老师主动来沟通的时候,也随便应付,只认为孩子是一时闹脾气,过段时间自己就会好了。但孩子的心理健康是他们学习和生活的基础,不仅会影响他们的学习成绩,还深刻地影响着他们的整体生活质量。比如,孩子可能会因为各种原因产生心理和社交等方面的问题。

孩子的生活基本上是两点一线的,想要关注孩子的心理健康,就需要家长和老师共同努力,在必要的时候及时沟通,聊一聊孩子在学校和家庭的表现、成绩对孩子心理的影响、朋友对孩子的影响等,并采取一系列措施,以确保孩子能够健康成长。

孩子不会无故情绪低落

孩子不会无缘无故就情绪低落,让孩子情绪低落的原因有很多。家长在找老师帮忙之前,可以先跟孩子谈一谈,找一下原因。

学业压力过大: 学校课程难度增加、作业量大、考试频繁等都可能让孩子感到压力巨大。如果孩子长期处于过大的学习压力下,又无法有效应对,就容易出现情绪低落。

被老师批评: 孩子在学校的表现不好,或因调皮、做错了事,遭到老师批评,也会出现情绪低落的情况。

与同学关系不好: 孩子在学校与同学相处不融洽,交不到朋友,被同学欺负、孤立或与同学发生矛盾等,会感到难过和孤独。这种不良的人际关系,会对孩子的情绪产生负面影响。

话术模板

询问孩子在学校的情绪

1. 老师，孩子在家里的时候经常显得情绪不高，有时候还会一个人发呆。我想了解一下，孩子在学校时情绪好吗？

2. 孩子最近对很多事情都失去了兴趣，学习也不像以前那么积极了，他在学校也这样吗？

3. 孩子有没有找过您，跟您说过他有什么不开心的事吗？

孩子的大多数情绪都是从学校里带回来的，家长想了解孩子的情绪，除了直接问孩子，还应该多问问老师。家长可以问问孩子的情绪、行为有没有什么异常的地方，也可以问问孩子有没有跟老师聊过什么。

向老师寻求帮助

1. 我想请教您，我们家长应该怎么做才能帮助孩子调整情绪呢？

2. 老师，希望您能给我们一些指导，让我们和孩子一起度过这个阶段。您觉得我们可以采取哪些具体的措施来改善孩子的情绪呢？

3. 老师，非常感谢您抽出时间和我们沟通。我们会积极配合您，一起帮助孩子恢复良好的情绪状态。

老师跟孩子相处的时间长，有时可能比家长更知道该如何处理孩子的情绪问题。家长可以带着诚恳的态度，向老师寻求建议和帮助。

6 孩子住校，
怎么跟班主任了解情况

孩子原来就生活在家长的眼皮底下，每天做什么家长都一清二楚。但是自从住了校之后，他们一般都是每周或者每两周才会回到家。在此期间，家长想要了解孩子的学习和生活情况，就只能打电话询问班主任，但自己可能又会担心频繁联系会让老师反感。

小烨上的初中是寄宿制，虽然很多事情他都可以自己做了，但是妈妈还是很担心。于是，她经常给班主任发信息、打电话。

周三中午，妈妈又给班主任打去了电话。

妈妈："老师，小烨身体还好吧？"

班主任："我看着还不错，他课间操做得也挺好的，也没说身体不舒服。"

妈妈："最近又降温了，我要不要再给他送几件衣服过去？我还担心孩子吃不好，想煲点汤给他送过去。"

班主任："您前几天才给他送了衣服，已经够了，衣服太多的话宿舍也放不下。我理解您的担心，现在学校食堂都会注重孩子的营养搭配的。"

妈妈："是这样吗？好吧。那他跟同学处得好不好啊？这孩子不太爱说话，他会不会被同学欺负啊？他要是跟舍友相处不好怎么办？哎呀，我真的太担心了，头一回送他住校，早知道还是算了。"

班主任："您别着急，第一次住校都需要适应，我相信小烨会做得很好。"

孩子住校，家长也很不适应，只要孩子不在家，家长就会想知道孩子在学校饭菜吃不吃得惯，和同学相处得怎么样。如果孩子不能经常联系父母，知道这些情况的，只有孩子的老师，所以家长也只能不厌其烦地联系老师。但担心也需要有度，过度担心只会给孩子和老师徒增麻烦。

住宿没有想象中可怕

当孩子离开家去住校的时候，家长可能会担心孩子跟舍友相处得不好。如果孩子处在青春期，心理又比较敏感的话，家长可能会更担心他们处理不好人际关系。而且孩子要独自处理生活上的琐事，吃、穿、住都完全要靠自己，家长难免会担心。

这些担忧是正常的，这些情况也确实有可能会发生，但这也是孩子锻炼自己的一个机会。如果所有事情都交由老师或者家长来解决，孩子永远也不会成长。

孩子住校的时候，首先要照顾自己的生活起居，安排自己的学习事宜，其中就包括洗衣服、安排饮食、处理住宿问题等，其中一切细小的事情，都需要孩子自己面对。孩子可以通过这些行动，充分锻炼自己的生活实践能力。家长应该给孩子充分的信任和自由。在同学的影响和老师的监管下，孩子自主学习的习惯也能得到培养。

孩子住校，不仅仅是在帮助孩子摆脱依赖心理，也是在帮助家长摆脱依赖心理。家长适当地放手，跟老师保持适当的联系才是恰当的。

相信老师，适当保持联系

其实老师比家长还要担心孩子没办法适应住校生活。对于第一次住校的孩子，一般会有生活老师专门进行指导培训，指导他们打扫寝室卫生、整理床铺、清洗自己的衣服等。所以，在孩子住校这件事上，父母应当给予孩子足够的信任，相信孩子能够适应，相信老师和学校能够给孩子营造一个良好的读书和生活的环境。

班主任不仅要关注住校的学生，还要进行教学工作，因此家长在联系班主任的时候，要注意询问的频率，每周一两次就足够了。家长平时应多关注班级群动态，关注最近有没有考试、孩子什么时候放假或者其他活动安排通知等。

话术模板

了解孩子学习的自主性

1. 孩子这段时间住校，我没法看着他，他有好好学习吗？
2. 老师，孩子在住校期间的学习状态怎么样？上课认真听讲吗？
3. 孩子有没有因为住校而在学习上遇到困难呢？作业完成得及时吗？

孩子能不能在学校安排好自己的学习，是家长重点要关注的事情。家长可以问老师孩子有没有像原来一样学习，学习状态好不好，有没有因为住校懈怠了。

了解孩子的住宿生活

1. 老师，孩子在学校食堂吃得怎么样？饭菜口味还习惯吗？
2. 老师，孩子在学校的作息时间是怎么安排的呢？他晚上休息得好吗？
3. 老师，孩子在学校和同学们相处得融洽吗？有没有和同学发生矛盾呢？

除了学习，孩子能不能独立地生活，也是家长需要了解的。家长可以多问问孩子住校时的作息、饮食、人际关系，以及孩子在宿舍的表现，比如能不能独立完成日常事务。

了解孩子的适应能力

1. 老师您好，孩子以前没住过校，我们家长也很担心他能不能适应住校的生活。

2. 老师，孩子在学校的心情怎么样？会不会想家？

3. 老师，我们家孩子不太爱说话，我担心他不适应也不跟我们说。

每个孩子的适应能力都是不同的。有的孩子性格开朗、外向，适应能力强，能够迅速融入新的生活环境；而有的孩子则性格内向、敏感，需要更多的时间来适应新环境。家长需要了解自己家的孩子到底适不适合住校。

7 如何向班主任介绍自家孩子的优缺点

虽然班主任跟孩子相处时间长，但也未必能深入了解孩子。真正知道孩子优缺点的，是家长。家长可以多跟班主任聊一聊孩子的优缺点，方便班主任进一步了解孩子，然后因材施教。

为什么要介绍孩子的优缺点

小翰很喜欢阅读和写作，爸爸也知道小翰的这个兴趣爱好。于是在一次家长会后，爸爸就跟班主任重点提了小翰的这些兴趣爱好。

爸爸："老师，我听说学校里马上要有作文比赛，让小翰去试试吧。他平时就爱读书，总去书店。之前他也参加过作文比赛，还得过奖呢。"

班主任："是吗？我还不知道小翰有这个才华，确实可以让他去试试。现在刚开学，语文课代表还没定下来。他以前语文成绩就不错，也可以让他锻炼锻炼。"

爸爸："那可太好了，谢谢老师，他肯定能胜任。"

老师了解每个孩子的特点对于实施个性化教育至关重要。家长告知老师孩子的优缺点，可以帮助老师更全面地认识孩子，从而根据孩子的具体情况调整教学方法和策略。例如，如果孩子在数学学习方面比较有天赋，但性格内向，老师可以在课堂上多给予孩子展示数学才能的机会，同时鼓励孩子积极参与小组讨论，锻炼其表达能力。

介绍优缺点也要有侧重

先说优点，后说缺点：向班主任介绍的时候，要先说孩子的优点，再说孩子的缺点。心理学上有种效应，叫首因效应，也就是"先入为主"。家长可以先帮助孩子在老师面前建立一个好的印象，再告诉老师孩子的缺点，这样既能突出孩子的优势，也会显得更客观。

多说优点，少说缺点：可以自然而然地偏重说孩子的优点，然后再提到孩子的缺点。即便觉得自己家孩子缺点比较多，也应该找到隐藏在缺点下面的优点。比如，孩子好动，从另一个方面来说就是活泼。

强化优点，弱化缺点：孩子的缺点家长自己心里知道，但不用刻意强调。有时候如果太刻意地强调缺点，会把孩子的缺点烙印在班主任的头脑中，弄不好会产生误解或不必要的麻烦，得不偿失。

话术模板

用事情展现孩子的优点

1. 我家孩子特别喜欢阅读，不管是早上起床后，还是晚上回到家，都要拿起课外书看，我们家最多的东西就是书了。

2. 您都想不到他都读了什么书，他花了两年的时间把哈利·波特的 7 本书都读完了。

为了更有说服力，家长可以多描述一下展现孩子优点的事情和画面。

多说学习上的优点

1. 老师，我家孩子在学习上比较自觉，不用我们过多催促，就能主动完成作业。

2. 在学校里，我听孩子说他也经常主动向老师和同学请教问题。这种积极主动的学习态度让我们很欣慰。

3. 老师，我发现我家孩子在学习过程中很善于思考。遇到问题的时候，他不会马上寻求帮助，而是自己先思考和尝试解决，有时候他还会提出一些很有创意的想法和观点。

学习上的优点，家长可以从孩子平时的学习习惯、学习态度，甚至是思维方式上讲，只要能展现孩子学习的积极性和优势，都可以说。

缺点少提，但也要提

1. 老师，孩子也有一些需要改进的地方。他最大的缺点就是有点粗心大意，无论是做作业还是考试，经常会因为粗心而犯一些低级错误。

2. 老师，我们家孩子在做数学作业和考试的时候，经常因为粗心而丢分。我们一直在提醒他，但效果不是很明显。

缺点主要说一个，不要超过两个。要清清楚楚地告诉老师，让老师多留意。明确告诉班主任孩子的缺点，可以让班主任也能着重地帮助孩子改正这个明显的缺点。

第四章

班主任"告状",
如何高情商回复

1 班主任反映孩子早恋，怎么回复

当发现才上初中的孩子谈恋爱的时候，家长们可能会感到困惑和担忧。我们可能会担心孩子过早接触恋爱，会影响学习和成长。这种问题往往是老师跟我们反映了，我们却不知道该如何与老师交流。其实，与老师坦诚地交流，是帮助孩子建立正确的恋爱观的重要途径之一。

这天博超妈妈接到了班主任的电话，让她去学校一趟，说是有事情要说。妈妈感觉不太妙，就立马赶到了学校。她见到了班主任，急忙说："老师，博超是不是惹祸了？这孩子，一天天的就是不给我省心！"

班主任："您先别急，是这样的，博超应该是谈恋爱了，他……"

班主任话还没说完，妈妈就生气了，大声说道："这孩子！不知道好好学习，还学会了早恋！博超呢？我一定要好好教训他！"

班主任赶紧安抚博超的妈妈说："您别太生气了，孩子在这个年纪，春心萌动是很正常的。您也别太责怪孩子，管得太紧，孩子反而可能会更叛逆。我跟博超聊过了，他们只是互有好感，还没发生什么。主要还是需要您正式跟孩子聊一聊，给他传递正确的爱情观和性教育知识。"

博超的妈妈："哎呀，这个早恋就是不对的啊！我除了批评他，也不知道怎么跟他聊。"

有的家长，在听到老师告知孩子早恋的时候，可能会因为担心或者生气，想要训斥甚至打骂孩子，想要通过这种方式阻止孩子早恋。虽然早恋可能是不合时宜的，但家长也没必要过度反应。粗暴的方式无法阻止孩子早恋，反而可能把孩子越推越远。所以，家长其实可以适当听一听老师的意见。

早恋是孩子常见的情感现象

早恋一般都发生在孩子的初中或者高中时期，现在孩子思想越来越成熟，在小学出现也有可能，这都是正常现象，反映了孩子在情感上的发展和成长。

站在家长的角度，初高中是孩子学习的重要阶段，不希望因谈恋爱影响孩子的学习。当我们发现孩子早恋时，首先要做的是保持冷静和理性，不要陷入恐慌或过度反应。如果我们一知道消息，就千方百计地阻止，到最后只会跟自己的孩子闹翻，同样也会影响孩子学习。

所以，我们不应该对此避而不谈或一味地批评。相反，我们应该以正确的方式引导孩子面对早恋，同时和老师一起对孩子进行情感教育。

话术模板

询问早恋有没有影响孩子

1. 以您在学校对孩子的观察，孩子现在的早恋情况有没有对他的学习产生影响呢？

2. 我也不太清楚孩子在学校的状态，目前孩子早恋有没有影响到孩子上课的状态？

3. 他没有做什么出格的行为吧？有没有影响到那个女生的学习成绩？

我们可以问一问孩子在学校的表现怎么样，有没有出格的举动，早恋有没有影响到孩子们的学习和心态等。了解一下他们情绪上有没有什么变化，同时关注他们的学习情况，看看他们有没有因为早恋而导致学习成绩下滑。

站在孩子的角度聊

1. 孩子可能只是对异性有好感，我也担心早恋会影响孩子的未来，但我更不想因为我们的强硬态度让孩子产生逆反心理。我回去后会好好跟他沟通的。

2. 老师，我觉得孩子现在处于一个情感比较细腻的阶段，他们可能只是单纯地被对方的某个优点所吸引，我理解孩子的这种感受。我也想跟您请教一下怎么正确引导。

3. 在这个年纪，他们开始对情感有了懵懂的认知，就像我们以前一样。确实如老师所说，不能单纯地把早恋看作是一种错误的行为，好好引导应该没问题。

老师向家长反映孩子的早恋问题，其实不是"告状"，除了想要家长约束孩子，也是想要家长能够理解孩子，并一起引导孩子。家长站在孩子的角度跟老师聊，也能让沟通更顺利一些。

询问老师该怎么引导

1. 老师，我真的很担心这孩子，也不知道该怎么正确引导他。您经验丰富，您觉得我该从哪些方面入手去引导孩子呢？

2. 老师，孩子早恋这个问题让我很苦恼。我想请教您，作为家长，我应该怎么做才能既不伤害孩子的感情，又能让他认识到现在他的主要任务是学习呢？

❷ 班主任反映孩子偷偷吸烟，怎么回复

当班主任反映孩子抽烟的问题时，家长第一反应可能就是惊讶和愤怒，可是这些负面情绪并没有什么帮助。家长应积极跟老师沟通。

班主任给雪儿的妈妈打了个电话，委婉地说孩子在学校违纪了，麻烦她赶紧来学校一趟。雪儿的妈妈到了学校，进了办公室，看见雪儿低着头站在那里。

妈妈："老师，我们家雪儿做什么违纪的事了啊？她平时在家都很乖的。"

班主任："是这样的，今天课间的时候，有人发现雪儿在厕所里抽烟。"

妈妈听了之后，就把雪儿扯了过来，想要动手打。班主任连忙拉住了雪儿的妈妈，倒了杯水，让雪儿的妈妈冷静一下。

班主任："您也别太生气，我知道雪儿这孩子平时学习很认真，不是坏孩子，抽烟肯定是有原因的。您回去再跟孩子好好聊聊。"

妈妈："谢谢老师，我一定会帮她把这个坏毛病改掉的。"

未成年人吸烟会对身体造成很大的伤害，家长不仅会担心孩子染上恶习，也会担心孩子学坏。虽然造成孩子吸烟的原因有很多，但只要家长及时跟老师沟通，还是能帮助孩子"悬崖勒马"的。

孩子抽烟可能只是因为好奇

如果家长、亲戚或身边的其他人有吸烟的习惯，孩子可能会出于好奇而模仿。

还有些孩子看到大人吸烟时的样子觉得很"酷",便想要尝试。影视剧中一些角色吸烟的场景,也会让孩子觉得吸烟是一种成熟、有魅力的表现。

又或者孩子是被同伴影响了。如果孩子的朋友中有吸烟的人,他们可能会受到同伴的压力而尝试吸烟。在这个年龄段,孩子为了融入群体,可能会做出一些不符合自己意愿的行为。比如,朋友都在吸烟,孩子如果不吸可能会害怕自己被孤立,于是在同伴的劝说下开始吸烟。

戒烟要老师、家长一起努力

一个习惯的改变不是两三天就能见效的,抽烟也是一样。如果孩子抽烟成瘾了,光靠老师的监督和教育,可能效果不会很好,所以家长也要一起努力。而且老师与父母,给孩子带来的影响力是不一样的,这就需要家庭监督和学校监督相结合。家长要了解孩子是什么时候开始抽烟的,还要了解是什么原因引起的:是模仿,还是因为交友不慎,或者心理压力过大引起的?然后,家长和老师多沟通、多反馈,再有针对性地采取有效的措施。

话术模板

表明态度和决心

1. 我们会马上跟孩子好好聊聊,问问他是怎么学会抽烟的,并且加强对孩子的监管,确保他不再接触香烟。

2. 老师,我们对孩子吸烟的行为零容忍。我们会和孩子一起制订改正计划,让他尽快远离香烟。也希望老师在学校能多关注他，给予他正确的引导。

3. 我们坚决反对孩子抽烟，会跟他好好谈谈吸烟的危害，让他认识到自己的错误。

孩子抽烟是一件很严重的事情，想要让孩子改正，就需要家长的积极配合。家长跟老师沟通的时候，摆正自己的态度，更容易得到老师的信任。

请求建议和合作

1. 老师，谢谢您及时告知我们孩子有这个问题，我们对孩子抽烟这件事感到十分担忧。我们一定会高度重视，和您共同努力引导孩子远离香烟。

2. 我们对处理孩子吸烟的问题经验不足，不知道该从哪些方面更好地引导他，您能不能给我们一些具体的建议和方法呢？

3. 您在学校对孩子的情况比较了解，能不能请您多留意孩子的动态？如果他还是偷偷抽烟，您可以及时和我沟通反馈。

戒烟是一件艰难的事情，如果家长不知道怎么帮助孩子，可以向老师求助，跟老师一起探讨适合孩子的解决方法。

❸ 班主任反映孩子偷偷带手机，怎么回复

家长可能只是为了方便孩子学习，让孩子在课外时间使用手机，但是孩子沉迷其中，有时会把手机偷偷带到学校里去。家长不知道，但老师发现了，这时就需要家长好好跟老师沟通，杜绝此类问题再次出现。

班主任发现小竹在课间玩儿手机，就把手机没收了，还给小竹的妈妈打了电话。

班主任："小竹妈妈，小竹把手机带到了学校，还在课间玩儿，这件事您知道吗？"

妈妈："她是有个手机，我只让她在家里用，怎么就带到学校去了呢？"

班主任："现在学校规定不允许带手机，所以手机就先放在我这里。您看您什么时候过来一下，我跟您详细说说，您再把手机拿回去。"

妈妈："手机放您那儿我放心，反正她在家里就老玩儿手机，我也管不住。您把她手机收了，她就能安心学习了。您尽管批评和管教。"

孩子在学校里被发现玩儿手机，老师一般会把手机没收，然后通知家长来拿。家长或许觉得，老师收手机反而方便自己管教孩子，这样自己就不用做不允许孩子玩儿手机的"恶人"了，但这并不能作为家长推卸责任的方法。想要孩子戒掉手机瘾，需要家长和老师一起努力。

游戏的奖励机制让孩子"上头"

手机成瘾并不一定是孩子缺乏自制力,也有可能与我们大脑的"奖赏机制"有关。游戏的奖励机制特别简单正向,只要孩子投入时间,动动手指头就能获得奖励,加上声光特效,放大了获得奖励的感受,所以这种娱乐方式会刺激人脑产生快乐的激素——多巴胺。青少年身心尚未发育完全,加之社会经验缺乏,会对这种奖励非常着迷。

比如,某个游戏需要闯关,一关过了还有下一关,短暂又激烈的刺激,让孩子想持续玩儿下去,很难放下手机,甚至冒着被发现的风险,也要带手机到学校继续玩儿。长期持续重复地使用这种方式来获得"快乐激素",会使得孩子注意力下降、反应过慢、无法正常思考、对其他事不再感兴趣等。

把孩子从手机屏幕前"抢"回来

手机成瘾给孩子带来的负面影响很大,家长最好不要认为听了老师反馈,拿回手机就万事大吉。

孩子不节制地使用手机,会影响他的身体健康,比如,脊柱的发育和成长受影响,视力也会受到影响。而且,手机上的信息鱼龙混杂,经常让孩子看短视频等内容,会影响到孩子对文字信息的接收能力和理解能力,也会让孩子的专注力变差,进而影响到他们的学业和思维能力。

孩子的自控能力还较差,想要让孩子成功摆脱"手机瘾",需要家长和老师共同努力。家长要严格控制孩子使用手机的时间,并向老师反映孩子使用手机的情况,老师也要向家长反馈孩子在学校的表现。

话术模板

表达歉意和重视

1. 非常抱歉，我们确实没有想到孩子会偷偷带手机去学校，这是我们家长的疏忽。我们一定会高度重视这个问题，积极配合您解决。

2. 老师，感谢您及时告知我们孩子身上的这个问题。我们一定会严肃对待孩子偷偷带手机的行为，保证不让他再带手机了。

偷偷带手机是违反校规的行为，家长首先要跟老师道歉，承担责任，表达自己严肃认真的态度，并表示自己会配合老师的行动。

表达自己的担忧

1. 我也不知道孩子现在对手机的瘾这么大了，还偷偷带手机去学校，您说该怎么办啊？

2. 我知道学校有相关规定不允许带手机，我们作为家长也一直强调不能带手机去学校，可孩子还是偷偷带了，我该怎么管他啊？

3. 在家的时候，我们让孩子用手机是方便他查资料，没想到他却玩儿上瘾了。

家长向老师适当地表达自己的心情，也是必要的。这样会让老师看到，家长是担心和关心孩子的，想要帮助孩子戒掉手机成瘾的心情是迫切的，老师会因此更加愿意跟家长进行深入的交流，愿意帮助孩子。

4 班主任在班级群里点名批评孩子，怎么回复

有时候孩子在学校表现不好，班主任可能会在班级群里直接点名批评。家长看到班主任的点名，不仅会感到羞愧，也会感到气愤，甚至还有可能直接反驳班主任，但这都不是合适的沟通方式。

意涵多次不写作业，班主任跟她沟通无果，就在班级群里点名批评了她。意涵的妈妈对此很气愤，直接在班级群里质问老师。

妈妈："我知道意涵做得不好，但你也不能直接在班级群里点名吧？这样孩子和家长的面子往哪儿搁？"

班主任："意涵已经很多次都没有写作业了，就算写了，也很敷衍。在班级群里点名批评，就是希望孩子能及时改正，家长也要帮忙监督，让所有家长都重视起来。"

妈妈："但你这样做也太不妥了，孩子犯的不是什么大错，有什么事情不能私下说吗？搞得好像我的孩子特别差劲，我们家长特别不负责一样。"

班主任："您先别激动，我待会儿给您打电话沟通一下。"

老师在班级群里点名批评，虽然有的家长认为不妥，但也没必要直接反驳老师，或者在群里跟老师争吵。当家长的指责和攻击伤害到老师后，老师可能就会对孩子的管教有所顾虑，最后吃亏的还是孩子。与其对这种"通知"过度反应，

不如做好情绪管理，配合老师的工作，或者私下沟通，找到更好的处理方式。

点名批评不是针对

站在老师的角度来说，他们都希望自己班的孩子能够拿到更好的成绩，养成更好的习惯。所以，他们就有可能在个别孩子犯错的时候，抓住机会来教育班级里所有的孩子，这就是教育里常用的"机会教育法"。"机会教育法"就是在孩子感到疑惑、遇到困难、犯下错误时，抓住机会教育孩子，这并不是在针对某一个孩子。

例如，班上有 30 个孩子，在群里点名批评，所有的孩子和家长都能够看到，大家都可以引以为戒。如果要跟每个家长单独沟通，反而会浪费大量的时间。

而且有公开批评，就会有公开表扬。在群里点名批评有助于家长了解孩子在学校的情况，也会督促一些家长更重视孩子的成长。批评的内容可能是作业问题、成绩问题、纪律问题等。直接点名批评的行为可能欠妥当，但如果家长懈怠了，没尽到责任，老师指出并委婉地批评，也是为了孩子好。如果家长认为老师的这种行为不妥，可以私下跟老师提出来，而不是在群里跟老师争执。

大胆提意见，老师也会变通

每个学生都有自己的个性，家长也一样，有的人心理承受能力比较强，而有的人会比较脆弱。老师为了方便所有家长都能被提醒，可能会在群里直接批评。如果自己接受不了，可以直接跟老师提意见。

其实大部分老师是很尊重家长的，家长如果认为老师在群里的批评伤害到了自己和孩子脸面，可以私下找老师沟通，并要求下次老师可以找自己私聊，而不是在群里点名，大多数老师都会配合。

话术模板

私聊询问发生了什么

1. 我看到您在群里发的消息了，孩子确实做错了，您能跟我说说是怎么回事吗？

2. 对于孩子不好好做作业这件事，我会严厉批评孩子的。您能跟我说一下他的作业哪些地方没做好吗？我回去一定会让孩子一件一件改正。

3. 老师，我收到了群里的消息，您能跟我说说他是怎么扰乱秩序的吗？我会好好教育他的。

老师在群里指出问题，肯定是希望其他人引以为戒，家长虽然面子上过不去，但也要仔细询问老师是怎么回事，并让老师看到自己明事理的态度。

合理向老师表达自己的情绪

1. 您在群里直接点孩子的名字，虽然我知道您是为孩子好，但我却感到有些丢面子。

2. 我知道孩子做错了，可是群里人很多，老师您直接点名，我担心别的家长会对我们家孩子产生什么不好的看法。

3. 我很理解您迫切想要孩子改正错误的想法，但我们家孩子也不想在别人面前被点名批评，这样也挺伤自尊的。

家长认为孩子被点名批评很没有面子，没必要憋在心里，从而对老师产生什么看法，完全可以向老师合理表达。家长要说一说被老师在家长群里点名批评为什么觉得没面子，自己为什么特别在意别的家长的看法，自己在担心什么，等等，相信老师是会理解的。

给老师替代点名批评的建议

1. 老师您下次点名可以直接叫学号吗？这样家长能确认是不是自己家的孩子，也不会那么丢脸了。

2. 老师，我跟我们家孩子面子都挺薄的，您下次直接找我私聊吧。我一定会配合您的工作，好好教育孩子。

3. 我觉得您可以直接在群里通报问题，但不要提孩子的名字，这样大家既能吸取教训，做错事的孩子的家长也不会那么尴尬。

如果家长认为老师的做法不妥，可以给老师提一些建议，毕竟用别的方法也可以提醒孩子，不一定要在群里面点名批评。比如，直接私聊、不直接说名字等。

❺ 班主任反映孩子顶撞老师，怎么回复

随着孩子慢慢成长，想法变多，容易跟老师产生矛盾。有些孩子甚至可能会口不择言，直接顶撞老师。这在老师看来，是非常不尊敬老师的行为，因此会联系家长来一起处理。家长可能也不知道该怎么跟老师沟通，是该站在孩子这边，还是该站在老师这边？

小志在被班主任批评的时候，根本不服气，还直接顶撞班主任。班主任很生气，让小志先回了班上，然后给小志的妈妈打了电话。

班主任："小志的妈妈，我想跟您反映一个情况。今天小志上课总是说话、打闹，还影响到了前排的同学。我刚刚叫他来办公室，说了他几句，但他根本不听我说话。他还跟我顶嘴，话说得很不好听。"

妈妈："真不好意思啊老师，这孩子太没礼貌了。他年纪小，您别跟他计较。"

班主任："我知道孩子现在还不成熟，他不止一次这样做了。其他任课老师说他的时候，他也顶嘴。我们作为老师，肯定不会往心里去的，但希望您能跟孩子好好说说，让他学会尊重老师。"

妈妈："知道了，我肯定会好好跟他说的。"

一味地袒护孩子，或者一味地责怪孩子，都不是恰当的做法。家长应该从两方面了解原因，搞清楚孩子为什么会顶嘴，弄明白老师为什么会批评孩子。无论

是哪一方有责任，家长都要好好跟孩子和老师沟通，化解他们之间的矛盾。

了解孩子为什么会顶撞老师

自尊心强：随着孩子自我意识的发展，自尊心也随之增强，可能就比较在乎自己的颜面。老师的一丁点否定在他们眼里是对他们的不尊重，孩子情绪"上头"的时候，可能就会言辞过激地顶撞老师。

博关注：孩子想要博得同龄人的关注，让自己获得成就感，而这个博得关注的行为发生在课堂上就会有两种表现：一种是在学习上大出风头，另一种就是哗众取宠，顶撞老师。老师在学生眼里是权威，如果有人敢挑战这个权威，就很容易获得同龄人的关注，从而获得巨大的心理满足感。

被误会：比如，在比较混乱的课堂上，老师没有看清是谁在捣乱，本想揪出一个典型，却揪出了看热闹的孩子，而真正的"闹事者"还在"逍遥法外"。孩子受了委屈，自然会顶撞老师，为自己据理力争。

缓和老师和孩子之间的冲突

顶撞老师，往小了说是孩子不小心说错话，没那么严重；而往大了说，也可以是不尊重老师的行为。家长要做的，就是尽可能跟两方沟通，缓和老师和孩子之间的冲突，摆正孩子在老师面前的形象。

家长与老师在沟通时，表达歉意是必不可少的。如果想要询问事情的经过，可以放到之后再说，尽量先表达对老师的歉意。毕竟，老师也是为了孩子好，家长此时应尽量保持冷静，不要激化矛盾。

肯定孩子的情绪，了解事情的经过。如果是孩子的错，那么家长应陪同孩子向老师道歉。即便孩子没有错，顶撞老师这个行为也有失妥当，可以引导孩子换位思考，让孩子意识到老师也是为自己好，然后再让孩子跟老师好好沟通。家长的配合可以增加老师对孩子教育的信心，也可以避免矛盾进一步恶化。

话术模板

诚恳地道歉

1. 这孩子太不懂事了，我们平时对他的教育肯定有不到位的地方。我在这里向您郑重地道歉，希望您别往心里去。我们一定会好好教育他，以后绝不让他再犯这样的错误。也希望您能继续关心和教导他，非常感谢您。

2. 老师，感谢您及时告知我们孩子的情况。我们对孩子的不当行为深感歉意，一定会和您一起努力，让孩子认识到自己的错误并改正。

3. 老师，非常抱歉孩子顶撞了您。您批评孩子肯定是为了他好，我们回去肯定会让他学会尊重老师。

与孩子的班主任进行沟通时，我们首先要表示理解和尊重老师的职责，并表示愿意积极配合老师的教育工作。这种积极的态度能够促使老师更有信心地教育孩子。

询问当时的具体情况

1. 老师，能不能麻烦您详细说说当时的情况？我想知道孩子为什么会顶撞您，我好回去跟孩子好好讲讲这件事，让他明白顶撞老师是不对的。

2. 老师，孩子在学校让您费心了。孩子口不择言肯定是不对的，具体是因为什么事，您能跟我详细说说吗？

家长要尽快与班主任联系，了解事情的详细情况，听取老师的意见。要尊重老师的感受，而不是以质问的语气询问。

第五章

孩子在学校被霸凌、受委屈，怎么正面沟通

❶ 孩子被同学殴打、辱骂，怎么和班主任沟通

孩子在学校和同学有点小摩擦很正常，但是如果上升到辱骂、殴打后，家长听到一定会非常心疼。这个时候，家长肯定想冲到学校找对方理论。但在此之前，我们不如先和班主任老师沟通一下，询问具体情况，向老师请教有没有比较好的处理方案。

先问清具体情况

皮皮在学校被同学打了，妈妈接到班主任的电话后迅速请了假，然后赶往学校。途中，借用班主任的电话，妈妈问皮皮说："皮皮，现在伤口还痛不痛？"

"妈妈，我的伤口已经不流血了。刚才校医老师帮我消毒的时候我忍着没有哭哦。"

"皮皮真勇敢！那现在能告诉妈妈到底发生了什么吗？为什么你会和你的同桌打起来？"

"是这样的……"

赶到学校后，妈妈听班主任说是在美术课上发生的争执，便和旁边的美术老师询问了具体情况。

原来是皮皮的同桌想在皮皮已经画完的作品上画画，皮皮不同意，两个人吵了起来。美术老师被领导叫出去交代学校黑板报的任务，随后同桌就用手中的自

动铅笔把皮皮的胳膊划破了。

妈妈看着皮皮的同桌依然不服气的样子，对班主任说："老师，情况我都了解了。我想问一下，这个孩子的家长什么时候来？我觉得我们需要好好谈谈。"

如果孩子在学校受到了欺负，一定要问清楚前因后果，先弄清事情的真相。如果错不在孩子，那么我们就要尽快去找班主任沟通。

如果班主任不太了解这件事，我们就要去找在场的老师询问，搞清楚到底发生了什么，为什么会这样，参与的同学都有谁。虽然我们都会觉得班主任可能是最权威的，但是如果班主任当时不在场的情况下，那班主任并不能够很好地告诉我们到底发生了什么事情。

结合孩子说的情况和老师的解释，我们要弄清事情的来龙去脉，然后再和班主任协商处理方案。

问清老师会怎么处理

我们可以把问题抛给老师，询问老师学校之前对类似事件的处理方案，对方要怎么赔偿和道歉，会受到什么惩罚。

在听完老师的方法后，我们要和自己心里的答案对一下，有异议的地方及时跟老师去沟通解决。如果我们对学校之前的解决方案不满意，就和老师沟通，看看能否用自己的办法解决。

如果担心这次惩罚之后，孩子会被对方或对方的家人报复，学校不能保证孩子的安全，我们要大胆地说出来，并且寻求老师和学校的帮助，实在不行我们可以考虑报警。

话术模板

表明自己的心情

1. 老师，本来我不想麻烦您的，但是看着孩子身上的伤，我真的很心疼。我希望您能明白我的心情。

2. 作为妈妈，自己的孩子被人起了这么难听的外号，我觉得很委屈、很生气，所以刚才进来时着急了一点，真对不起。

在检查完孩子有没有受伤之后，家长要跟班主任强调自己的态度。比如，孩子目前没有问题，但是今后若出现什么问题，还会继续追责那位同学。同时，也请班主任出面进行协调，把那位同学的家长请到学校一起沟通如何解决这件事情。

对方的答复我们不满意怎么办

1. 老师，我们不在乎赔偿，我们只希望对方家长能重视这个问题，以后不要让他的孩子再打人了，和同学友好相处。

2. 我觉得对方家长的态度特别重要，哪怕只跟我们说声"对不起"都可以。但是这么久了，我们都没有收到道歉，您可以帮我们问问是为什么吗？

3. 对方家长似乎不重视这个问题，也没有教育他的孩子，所以我们希望麻烦老师再从中协调一下，转达一下我们的感受和需求，看看对方家长的态度。

如果我们觉得对方家长给出的赔偿不合适，或者对方拒不道歉时，一定不要就此吵起来，吵架解决不了问题。这个时候，我们可以请老师帮忙再想新的解决办法。如果老师的作用已经不大了，我们可以请更高级别的校领导或者警察来帮忙调解。

❷ 孩子受到隐形霸凌，如何和班主任沟通

我们总以为，孩子被人打了、骂了、身上有伤了，这才是霸凌。但其实孩子之间的霸凌，并不是一上来就是肢体冲突，而是会先经历一段时间的"隐形霸凌"。当霸凌者觉得我们的孩子是个"软柿子"后，就会不断地得寸进尺，最后才升级到身体伤害。

隐形霸凌都有哪些表现

家长们首先要清楚隐形霸凌都有什么方式，才能辨别自己的孩子有没有遭受霸凌。

孤立、排斥： 有些孩子会故意组成一个小团体，将一些他们看不惯的孩子排斥在外，孤立他，让他得不到援助。

暗示性霸凌： 有些孩子在穿着或者行为上有些不一样，比如别人都穿名牌衣服，只有他穿的衣服又旧又破，其他孩子就在背后偷偷嘲笑他："你看，他又穿了那件土到掉渣的毛衣。"尽管不会直接说出来，但他们那种充满嘲讽意味的眼神、背后指指点点却又能被发现的行为，会让孩子产生深深的羞耻感。

言语性霸凌： 当我们的孩子有某个特点特别突出时，很容易被起外号，一些外号通常带有侮辱的意味。有些顽皮的孩子，会对老实孩子说一些带侮辱、讽刺、恶意的话，甚至还煽动别人一起说。有时候，某些谣言突然就被散布出来，恶意

在孩子圈里蔓延，造成被造谣的孩子被大家排斥。

沟通前收集好证据

欣妍回到家后，一直有些不开心："妈妈，我不想穿奶奶给我做的衣服了。"

妈妈："为什么呀？你之前不还说奶奶做的小马甲很暖和吗？"

欣妍："但是梅梅说我的小马甲很土、很幼稚，只有幼儿园的小孩子才穿这样的小马甲。她还拉着别的同学一起嘲笑我的小马甲，我现在都不敢脱外套了。"

妈妈："那明天就先不穿小马甲了，我给你找一件秋衣穿在里面。"

妈妈把欣妍交给爸爸带后，去了欣妍的朋友家，向欣妍的朋友确认了情况。第二天妈妈就去找了班主任，将欣妍说的话和欣妍朋友的"证词"告诉了老师。妈妈向老师明确提出，欣妍的小马甲是奶奶对她的爱的体现，希望梅梅和那几个同学能给欣妍道歉。

有的隐形霸凌比较难以界定，就算家长直接去找老师，也无法将霸凌者怎么样。在和老师沟通前，家长应该准备好相关的证据，如孩子被孤立的具体情况、其他学生或老师的"证词"等。这些证据可以帮助老师更好地了解问题的严重性。

家长要先和孩子仔细沟通，了解事情发生的时间、地点、涉及的人员以及具体的经过。让孩子尽量详细地描述事情的细节，包括霸凌行为的形式是言语辱骂、小团体孤立，还是其他方式。这可能会让孩子更加伤心和痛苦，家长在询问孩子时要注意措辞。

及时建立三方沟通渠道

建立孩子、家长、老师的三边关系，及时沟通，然后通过老师联系对方家长，一起沟通，一起对话。大人之间的谈话是一个台阶，都是为了孩子更好地成长和发展。我们要和平处理，大事化小，理性对待，相信对方家长也能接受。

建立三方沟通渠道是为了让孩子明白，父母永远是孩子的避风港和保护伞，无论发生什么，父母都在，有时也可以让欺负孩子的同学和同学的家长明白，自己的孩子不是好惹的。而让老师作为中间方，是为了缓和矛盾，这样我们才能冷静地处理问题。

话术模板

希望老师重视这个问题

1. 老师，我想和您探讨一个比较敏感，但是对我家孩子至关重要的问题：我家孩子因为被同学嘲笑，嗓子都哭哑了。这让我非常心疼且焦急。

2. 我希望您能理解，这种孤立和排挤会让我家孩子产生很大的心理阴影。我想和您商量一下如何才能化解这个问题给孩子带来的伤害。

在与老师沟通时，家长应该表现出自己的焦急，向老师传达自己对孩子的担忧。我们要让老师明白这件事情的严重性，霸凌不是小事，更不是同学之间的小打小闹，我们是真切希望老师能够帮助解决问题的。

事后要跟进处理结果

1. 老师，这一周我家孩子回家后心情好了很多，他在学校的情况有没有好转？

2. 昨天我家孩子带着新朋友来家里玩儿了，非常感谢您的耐心开导，终于让孩子走出了阴影。

在与老师沟通之后，家长应该跟进问题的解决情况，并评估是否取得了进展。如果问题没有得到解决，家长可以考虑采取进一步的行动，如与学校的教育主管部门联系或寻求专业的法律咨询服务。

向老师明确自己的诉求

1. 老师，这么随意嘲笑别人是很没有礼貌的行为，我希望那个孩子给我家孩子道歉。

2. 我的开导对孩子好像没有太大用处，所以我想请您帮忙安慰一下孩子，看看能不能解开孩子的心结。

家长要明确自己希望通过这次交流达到什么样的目的，比如是希望老师对欺负人的孩子进行批评教育、加强班级纪律管理，还是希望老师能够引导孩子们建立和谐的相处模式，等等。

❸ 孩子遭遇不公，怎么和班主任沟通

可能只是因为一件小事，孩子被不公平对待了，家长不以为意。但是这件事对于孩子来说特别重要，因为老师的不作为、家长的不在乎，孩子一直对这件事耿耿于怀。

乐妹回家后和妈妈抱怨，她们班展出的灯笼老师都撤下来并还给大家了，但是别的同学都有了，就自己的不见了。

妈妈让乐妹别急，先吃饭。她给班主任发了条消息："老师，听说今天您把孩子们做的小灯笼都撤下来还给孩子了，为什么乐妹的没有了啊？那个灯笼是我和乐妹一起做的，还挺有纪念意义的。"

班主任过了很长时间才回复："不好意思，乐妹的灯笼在拿下来的时候不小心摔坏了。我以为那个灯笼是买的，就顺手扔掉了。只是学校布置的一项手工作业而已，以后你们还会一起做更多的手工作品的。"

妈妈有点生气了："就算真的是买的，那也是乐妹的东西，你凭什么不告诉乐妹就直接扔掉了？"

乐妹在一边看到了老师的回复，开始号啕大哭。生气的妈妈告诉老师："我也不和你争辩了，明天我就去找你们领导。"

当孩子在学校遭遇不公平对待时，家长一定要分别跟孩子和老师进行沟通。

首先，我们要跟孩子了解一下，他对于老师的看法，以及这件事情的真相到底是什么。

其次，我们再跟老师进行沟通，可以跟他说一下孩子的想法是怎样的，然后询问老师，他怎么看待这件事情。由于老师的不公平对待，导致孩子抵触老师、和老师的关系紧张的话，我们一定要多多沟通，不要觉得这样的不公是没有办法解决的。

作为家长，一定要站在一个比较中立的位置，客观地去看待这个问题。

可能只是一个误会

有时候孩子以为自己遭遇了不公平的对待，可能只是一个误会。如果我们怒气冲冲地去和老师理论，会让老师以为我们在指责他，导致沟通陷入僵局。

市里要举办一个征文比赛，每个班有两个名额。玉之觉得自己的作文水平很高，但是老师却没有选他。玉之觉得老师偏向那两个同学，就跟妈妈抱怨，于是玉之的妈妈就给老师打了电话询问情况。

"玉之妈妈，是这样的，这次征文比赛学校也很重视，所以我们是根据最近10次考试的作文成绩排名来选的。玉之文采确实很好，但是根据这个排名来看，玉之的稳定性和逻辑性还差一点点。"

随后，玉之的妈妈收到了老师发来的表格，发现这个表上的评分非常细致，她说："麻烦您了，老师。我仔细看了这个排名表，也知道孩子接下来要往哪方面继续努力了，我会好好开导玉之的。"

为了避免误会，我们要向老师询问清楚情况，比如具体的评分标准等。如果孩子还是认为这不公平，我们要和老师商量出一个比较好的方式，让孩子接受现实。

话术模板

被其他老师不公平对待怎么说

1. 孩子说英语老师上课故意让他站着听课，但以我对我家孩子的了解，是不是他又在课上睡着了，老师才让他站起来的？

2. 孩子回家后和我说，今天他最喜欢的数学老师在他做的作业全对的情况下没有表扬他，但表扬了其他同学。是不是老师不小心把我家孩子漏了？

当我们发现有的老师对自家孩子抱有敌意，故意忽略、冷落自家孩子时，我们找班主任沟通时要注意措辞，尽量客观地描述情况，避免班主任认为是我们家长对老师有意见。

被同学不公平对待怎么说

1. 孩子的同桌今天带了一本很有趣的漫画书，借给了好多同学看，但是不同意借给我家孩子。可以请您帮忙问问孩子的同桌，他俩是发生了什么误会吗？

2. 孩子在运动会上跳远拿了第二名，但是回班时没人祝贺他，是不是班上获奖的同学太多了，同学祝贺不过来了？

同学之间的不公平对待，老师可能不太方便介入，但是老师可以引导孩子们在以后团结友爱。我们可以请老师帮忙问问是不是有什么误会，还是发生了什么矛盾。老师可以帮忙调解一下孩子和同学之间的关系，给孩子创造一个比较和谐的学习环境。

❹ 孩子被冤枉，怎么和班主任沟通

老师和孩子之间产生误会，孩子感到自己被冤枉了，父母应该起到一个"润滑剂"的作用，不能否认任何一方。否定孩子，会让孩子感觉很委屈，以后有事不再和家长交流了；否定老师，会让孩子不信服老师，不尊重老师，有可能加深双方的矛盾。

尽量消除老师和孩子之间的误解

周一的早上，芳芳早早来到教室时，发现自己的养着吊兰的玻璃瓶摔到地上，碎了一地，当时旁边只有东东一个人。芳芳生气地让东东赔她的吊兰，但是东东说不是他弄掉的，他进来的时候吊兰已经摔坏了。同学们都用谴责的目光看着东东，周五值日的同学说，他们走的时候吊兰还好好的。班主任来了之后，也让东东先给芳芳道歉。

东东回到家后委屈地哭了好久。妈妈气得第二天来到学校找到班主任，指责班主任和芳芳污蔑东东，要求班主任必须给一个说法。

直到教导主任过来，帮忙调出了当天的监控。原来，那天他们班的教室没有锁门，一个别的班的同学进来，玩儿了很多植物角的植物。他走的时候不小心把芳芳的吊兰碰掉了，然后心虚地飞快跑走了。

家长切不能因偏听自家孩子的一面之词，就采取过激的行动，到学校聚众闹事。这样会让老师误认为孩子的"坏毛病"都是家长惯出来的。

第五章：孩子在学校被霸凌、受委屈，怎么正面沟通

家长应与处理矛盾的老师沟通后，看看孩子是否真的受委屈了。即使孩子的确受了委屈，家长也要有一颗宽容之心，与校方领导沟通，让老师了解事情的真相。妥善处理完问题后，我们要尽量"劝和"老师和孩子，努力消除孩子的委屈和阴影。

严重时请拿起法律的武器

如果影响很大，学校已经无法处理，家长可以选择报警处理。在这之前，家长要了解一些相关的法律知识。

我们可以应用的法律依据有：《中华人民共和国教育法》第三十条明确规定，学校及其他教育机构应当履行保护受教育者合法权益的义务；《中华人民共和国治安管理处罚法》第四十二条也为受害者提供了法律保障，对于捏造事实诬告陷害他人的行为，规定了相应的处罚措施。

话术模板

努力让老师多了解孩子

1. 老师，我家孩子有点怕老师，不敢和老师说话，所以请您在听他说话时多一点耐心。他不是故意不回答您的问题的。

2. 我家孩子虽然脾气比较暴躁，但他从来不欺负同学，更不会和同学打架。请您相信我家孩子，他很喜欢帮助同学。

老师对待孩子态度的影响因素除了孩子的综合表现、学习成绩，

还有老师对孩子的感觉，以及家长和老师的关系。家长可以通过和老师互动，拉近和老师的关系，从而让老师更加了解孩子，进而关注、关爱孩子。

我们要找恰当的机会与老师交流，告诉老师孩子的困惑以及孩子的一些习惯，使老师从多方面了解孩子，消除对孩子的误解，从而改善师生关系。

让老师和孩子直接解释清楚

1. 我家孩子没有抄别人的作业，她的作业是我一点一点辅导的。您是不是对我家孩子有什么误会？我们不如和孩子解释清楚。

2. 我家孩子确实推了他，导致他摔倒了。但那是因为当时有个足球向他砸来，我家孩子怕他被足球砸到才推了一下他。周围的同学都可以证明，您要不再问一问孩子们？

3. 您和我解释了当时发生的情况，要不明天您和我家孩子再解释一次？毕竟您是他们的老师，您和孩子直说比较好，我怕我转达有误。

有些老师可能没把事情弄清楚，就做了错误判断，导致孩子被冤枉。老师明白自己出现判断错误以后，自然会跟孩子道歉。我们不妨让老师和孩子当面说清，直接沟通，避免传话可能造成的误会。

❺ 孩子在学校受伤，怎么和班主任沟通

孩子在学校受伤，家长肯定心急如焚，在和老师对接时可能会失去理智，说出一些不好听的话来。但孩子受伤，其实不一定是学校和老师的责任，如果伤得不重，我们也不需要咄咄逼人。

厘清到底是谁的责任

放学时，菜菜和同学一边玩闹一边下楼，结果不小心踩空楼梯，摔了下去。班主任带菜菜去医院检查后发现，菜菜的尾椎骨有轻微骨裂。

为些，菜菜的爸爸将学校告上法庭，他认为，放学过程中，学校对学生的人身安全监管不力，故要求学校承担各项损失，合计5.8万元。而学校提出，已在课前课后常态化开展安全警示教育，老师曾多次强调"上下楼梯，轻声慢步"等内容，楼梯等学校设施场所也不存在导致菜菜受伤的因素，故学校拒绝赔偿。

法院经审理认为，学校已尽到教育、管理职责，因此不应承担侵权责任，驳回原告的诉讼请求。

孩子虽在校，家长也有责，校园安全须共同守护。孩子在学校受伤了，我们不能简单地把责任完全归于学校。首先，我们要从自身找一下原因。孩子在学校受伤，有没有家长没有教育好孩子的责任？如果家长能以身作则，认真教育孩子，

孩子就能减少很多危险的举动。

　　其次，孩子因淘气调皮导致自己受伤了，孩子自己负有较大责任。他们必须明白，自己要为自己的安全负责。

　　最后，学校的责任是日常教育，而且学校已经在事后将孩子送往医院，并安抚孩子。既然这些学校都已经做到了，那我们就不能一味地指责学校和老师。

不要过于在意赔偿

　　家长应理智对待孩子受伤事件，不要因追求赔偿而忽略了与学校的沟通和合作。我们要通过合理的方式解决问题，这样既能保护孩子的权益，又能维护校园环境的和谐稳定，让孩子以后也能继续安心在学校上学。

话术模板

要求学校保证日后孩子的安全

1. 老教学楼的窗户全是朝里开的，所以孩子才不小心撞到窗户上磕破了脑袋。请您向校领导反映一下，能不能把老教学楼的窗户改成平推的？

2. 学校的椅子有一些是摇摇晃晃、缺"胳膊"少"腿"的，对孩子、对老师都有危险，您知道这些旧椅子什么时候可以淘汰吗？

　　因为学校设施有问题导致孩子受伤，家长可以建议学校尽快检修基础设施。学校按时检查、更换基础设施，才能减少一些安全事故的发生。作为家长，我们要求学校保证孩子的健康和安全，是理所应当的。

给予学校和老师理解

1. 没事儿的，小孩子之间打打闹闹，磕了碰了很正常，你们当老师的也不可能随时随地盯着孩子。

2. 我们已经带着孩子去医院重新检查过了，接下来我可能得给孩子请几天假休养。但是您也不用太过自责，是他自己着急下楼，才导致脚崴了的。

我们要向老师透露自己对孩子的人身安全的高度重视，但是也充分理解学校相应的规章制度，以及学生间的正常活动可能引发的意外伤害。如此不仅可突显我们的真诚，而且更易获得老师的信任及鼎力相助。

共同商讨解决方案

1. 孩子现在脚崴了，暂时不好移动，请您帮我看着点孩子。我马上到学校，等我到了就送孩子去医院。

2. 我知道您想给孩子发点奖励，但是您要是发吃的，有些孩子可能会过敏或是吃坏肚子。您今后不如把奖励换成文具、贴纸等比较安全的物品，也可以避免一些麻烦。

为了防止类似事件再次发生，家长要和老师一起讨论并制定预防措施，确保老师以后能够采用更合适的教育方法，避免受伤、食物中毒等危险。

6 孩子的班干部职务被撤了，怎么跟班主任沟通

孩子的班干部职务被撤了时，我们要冷静。如果我们没有弄清楚缘由，直接去找老师理论，怪老师识人不清，只会让事情变得更加复杂。老师更换班干部，绝大多数时候都有自己的考量。

不要越界，尊重老师制定的规则

妈妈打电话给木英的班主任，问道："老师，木英学习委员的职务被撤了，我可以问一下是为什么吗？最近几次考试，木英的成绩一直稳定在前三名啊。"

班主任："木英妈妈，虽然木英成绩很好，但是当初我和同学们一起制定的班委守则里有规定，学习委员必须要为同学们起到模范带头作用，在学习方面积极帮助同学。但是木英没有尽到这方面的责任，别人找她问问题，她都说不会，自己去想吧。这样是不行的。"

妈妈："那我不管，我女儿凭什么浪费自己的时间帮其他同学解答问题？他们不会问老师吗？"

班主任："可学习委员就是要为班级做贡献的啊。"

妈妈："那不行，我不认可你撤职的理由，明天你必须把'学习委员'还给木英。"

家长要明白，老师管理班级靠的是制定的各项规则。不要总想着让我们的孩子凌驾于规则之上，让老师为我们的孩子破例。我们不能干扰老师管理班级，不能越位，我们的职责就是做好家庭教育，和老师协作形成教育合力。

如果孩子不能接受这个解释，我们就努力劝导孩子，让孩子明白，规则是针对每一个学生的，大家都要遵守。假如别的同学不合格，他的班干部职务也是会被撤掉的。

老师不会无缘无故地"处理"某一个学生，我们不要对老师的工作指手画脚，特别是当着孩子的面，要和老师心平气和地交流。

培养孩子逆商的好时机

在孩子的成长过程中，抗挫能力比天赋和智商更重要，是决定孩子未来成功与否的关键因素。抗挫能力强的孩子，在低谷中有很强的反弹能力，他们积极乐观，不会轻易服输，会一次次积攒力量在逆风中翻盘。

孩子被撤职这件事，在孩子看来仿佛世界崩塌了。我们可以等孩子情绪平复下来后，再让孩子讲出原因。如果是老师不对，我们就和老师好好沟通；如果是孩子抗挫能力弱，我们就着重培养其抗挫能力。

我们需要好好和孩子沟通，用心倾听孩子内心的声音，体会孩子的感受，接纳孩子的情绪。在孩子遇到挫折的时候，当孩子需要我们的时候，我们要和孩子站在一边。如果孩子有错，就陪他一起面对；如果孩子没有错，就为他据理力争。

话术模板

和老师商议"逆袭"方案

1. 我知道学习委员是几个学习好的同学轮流当的，我家孩子最近学习有点不在状态，所以想问一下您，我想让孩子的成绩再提升一点，有没有什么好办法？

2. 我家孩子最近有点懒，您不让他继续当班长是不是也是因为叫不动他了？您和我说说他的表现，我回去好好教育他，争取让他改过来，下次竞选时再努力。

老师是最了解孩子在学校的表现的，当孩子的班干部职务被撤掉时，我们可以寻求老师的帮助。请老师和我们一起制定一个"逆袭"的方案，争取在下次竞选班干部时，让孩子重新当选。

向老师询问撤职理由

1. 请问您为什么换了个同学当体育委员呢？是不是因为我家孩子有点腼腆，跑步时口号喊得不够响亮，导致后面的同学听不见？

2. 很抱歉打扰您的工作，我家孩子文艺委员的职务被撤了，她很疑惑，自己又不敢问，所以拜托我来问问您她是为什么被撤职的。

家长有权获知孩子在学校的表现，所以我们可以向老师询问一下孩子被撤职的原因。当我们的孩子被撤职，我们询问老师理由时不要太小心翼翼，也不要太愤怒，更不要恶意揣测。此外，我们可以问得详细一些，以便更加全面地了解老师的想法。

第六章

有要求和意见，这样说班主任才会听

① 家长想竞聘家委，怎么说

一些家长觉得加入家委会之后，自己能得到更多的和老师沟通的机会，所以十分想要加入家委会。

萱萱的妈妈听说学校要求各班成立家委会后，觉得自己需要加入家委会，她认为这对萱萱有好处。萱萱的妈妈工作其实很忙，连平时带孩子都需要努力挤出时间。

在萱萱的妈妈加入家委会后，班主任请家委们帮忙组织各种活动，萱萱的妈妈根本没时间参与讨论。一些家委会的会议，萱萱的妈妈即使参加了，大部分时间也在偷偷处理自己的事情。

过了一段时间，班主任找到萱萱的妈妈，含蓄地表示希望她退出家委会。萱萱的妈妈也知道自己没起到太大作用，还耽误自己的时间，便很干脆地退出了。

想要竞聘家委，起码也要了解家委会是干什么的，都有哪些职责。我们要在仔细衡量之后再考虑要不要加入家委会，不然加入之后却不能承担起应尽的义务和责任，对自己、对学校都是一种负担。

家委会的职责

家委会成员要了解并监督学校的发展规划、工作计划的制订与执行情况，为学校提供来自家长的意见。

第六章：有要求和意见，这样说班主任才会听

家委会成员要支持老师开展班级教育活动，帮助组织各类校内外活动，如亲子活动、社会实践等，并在必要时协助解决一些技术和行政上的问题。这样可以减少老师在行政方面的时间支出，方便老师将更多的时间和精力投入对孩子的教育中去。

作为学校与家长之间的沟通桥梁，家委会收集并反映广大家长的需求和意见，确保学校能够及时了解家长的关注点，增进双方之间的理解和信任。

家委会需要积极调动和整合资源，为学校或班级的各项需求提供支持，比如筹集班费、置办学习用品、改善教学环境等。

话术模板

表示自己时间充裕

1. 我是自由职业者，时间很充裕。如果我进入家委会，那些琐事、杂事我都有时间认真处理。

2. 我们家就在学校对面的小区，而且我还是家庭主妇，有什么事让我过来处理会很方便。

学校里的琐事比较多，可能经常会让家委会成员帮忙。一些事情只要老师通知了，家委会就要尽快完成。如果我们本身比较忙，每次都不能及时完成老师交代的任务，那么我们不太适合加入家委会。

展现自己的特长

1. 我在公司是管理层，组织能力比较强。您相信我，大大小小的活动我都可

以策划。

2. 我很喜欢社交，班里这些家长我已经认识三分之二了。您选我进家委会，我保证给家长们创建一个和谐的大家庭。

在和老师沟通时，我们要突出自己的优势和特长，例如丰富的组织经验、良好的沟通能力、教育行业的背景等。这些优势可以帮助我们更好地承担家委工作，也能让老师更加信任我们。

展现自己的设想

1. 我认为家委会可以组织一些家长茶话会、家长座谈会等，让家长们相互交流经验，共同讨论育儿心得。

2. 我觉得可以邀请一些专家、学者来学校举办讲座，分享家庭教育经验和方法，帮助家长更好地教育孩子，以便营造良好的家庭教育氛围。

家委会需要有想法的家长，在和老师沟通时，我们可以浅谈一些对家委会开展工作的设想和建议。我们要让老师知道，我们的态度很认真，在沟通之前我们就仔细思考过自己应该怎么做。

❷ 想让孩子当班干部，怎么说

多数父母都乐于让孩子当班干部，认为这样更能锻炼孩子。为了孩子能当上班干部，有些家长不仅在竞选班干部过程中各种助威，也会提前和班主任"打招呼"。

所以，每到新学期，班主任都会收到一堆诸如"能不能给孩子安排一个班干部当当？我想锻炼锻炼他的领导力""我家孩子太懒了，能不能让他当劳动委员，好好治治他的懒""老师，让孩子当个小组长也行"之类的诉求。

担任班干部，对孩子来说，的确有不少好处，比如，可以提升孩子的自信，锻炼孩子的胆量，培养孩子的责任感，等等。但并不是所有孩子都适合当班干部，我们在找老师表达要求之前，要先了解一下选拔班干部的标准。

学校怎么选班干部

学校选班干部的方式有很多种。

根据成绩来选择班干部：成绩好的同学可以当学习委员，让他为同学们的学习做个表率。

根据孩子的特长来选班干部：开学前，老师也会根据学生的具体情况，包括孩子从小学过哪些才艺，性格如何，人缘好不好，同学关系处理得怎么样。其实大部分孩子都是凭借特长当班干部的，比如文艺委员、体育委员等。

投票选举和毛遂自荐：班干部要管理一个班级，通过孩子们自己选出来，会更有威信，能够给老师省不少心。一般而言，投票选举的候选人都需要毛遂自荐，并且准备一小段发言。有的孩子比较胆小内敛，不敢参加竞选，或者不善于社交，不敢在大家面前介绍自己。这类孩子如果想要当班干部，还需要家长的鼓励和帮助。

说清自己对于班级工作的认识

一般来说，家长对于班级工作的认识都比较浅显或片面，毕竟我们不会经常到学校。在谈自己对于班级工作的认识时，无论怎么说，核心要义都是要表现出非常关心这个班级。

家长可以从不同的角度来谈谈自己观察到的关于班级的一些情况。通常，在接送孩子的时候，在开家长会的时候，在和其他家长交流的时候，我们得到的信息都是不太一样的。这些信息，都可以作为我们帮孩子申请当班干部的参考。

在刚开始沟通时，我们先不提出自己的要求，通过表现出自己对班级工作的关心，拉近与老师的关系。老师肯定希望自己的"同盟军"扩大一些，能够更好地管理班级。

话术模板

借用"我家孩子说"的格式

1. 昨天孩子回家和我们说，她和同学一起画的黑板报被老师夸了。这孩子从小就喜欢画画、书法。听说最近班上在选班委，我们想让孩子试试竞选宣传委员，您看有机会吗？

2. 孩子和我们说，天冷了，同学们都不爱运动，一直窝在教室里。他的精力特别旺盛，特别想当体育委员带着同学们一起锻炼身体。

想让孩子竞选班干部就要体现出自己对于班级工作的认识，家长们可以通过转述孩子说过的在学校发生的事情，来向老师传达自己很关心班级、想要了解班级的想法。

利用小细节展现孩子的特长

1. 昨天开家长会的时候，好几个家长过来找我，说感谢我家孩子在课余时间帮同学讲题答疑，还把自己的笔记和错题本借给同学们。我觉得孩子是不是比较适合当学习委员？

2. 我家孩子每次做卫生都特别积极。您看能不能让孩子竞选生活委员？

在沟通时我们可以用几个小场景表现出孩子喜欢干什么，有什么特长，让老师更加直观地感受到孩子适合什么岗位。

孩子达不到要求怎么办

1. 我想问一下，竞选体育委员都有什么要求啊？……谢谢老师，我们以后会督促孩子多向这些方面努力的。

2. 我知道，您希望从开学考试成绩排前十名的同学里选班长。但是我家孩子初中当了三年班长，在管理方面比较有经验，您看可不可以给孩子一个竞选的机会？

即使自己的孩子达不到竞选班干部的要求也不要慌张，这次不行还有下次。如果孩子非常想参加这次竞选，目前家长要做的就是要让老师看到我们积极为班级服务的意愿，或者尝试从别的方面做一些弥补。

❸ 想给孩子调换座位，怎么说

总有家长不满意孩子的座位靠后，拼命想让孩子往第一排挤；总有家长觉得孩子一定要和学习成绩好的同学做同桌，不想让孩子和成绩差的同学同桌。很多家长都有给孩子调座的需求，但到底该怎么换，又该如何跟老师沟通呢？

沟通时少抱怨、少指责

辰逸的班级一个月换一次座位。这次辰逸的新同桌是一个成绩比较差，看起来比较吊儿郎当的同学，妈妈听说辰逸要和这样的同学做一个月同桌，第二天下午就直奔班主任的办公室。

妈妈想找老师要个说法："老师，我们辰逸那么老实的一个孩子，怎么能和他做同桌啊？我家孩子岂不是会被带坏了？"

老师给辰逸的妈妈倒了杯水，说："没那么严重，辰逸妈妈。辰逸平时太内敛了，正好新同桌可以让他变得开朗一些，而且他最近成绩进步很大，看样子是在努力学习了。"

"那也不行，我听说他还爱动手，万一看辰逸不顺眼打辰逸怎么办？"

"好了，辰逸妈妈。座位已经换好了，要调整也得等下个月再说了。"

千万不要一沟通就开始抱怨。孩子进入这个班级，不管位置换到哪里，都是班级的一分子，都得到了老师的关照。不要一上来就数落另外一个孩子怎么怎么不好，好像别人家的孩子都比不上自己的。

在和老师沟通时，少一些对当前座位的抱怨，毕竟这个位置是老师调的，这么说不也是在抱怨老师做得不好吗？

我们应该先说明孩子的现状，简单明了地介绍孩子现在在第几排第几个，证明我们很了解孩子，然后再说一些从孩子那里了解到的一些周围同学的优点，表示支持老师的工作，拉近和老师的距离。我们可以提出希望孩子多向优秀的同学学习，但一定不要说周围孩子哪里差劲。

什么样的座位才是"最好的"

有不少家长总是担心孩子坐的位置不佳，影响学习，想方设法地让老师给孩子调到一个自认为理想的位置，让老师可以多监督孩子。家长的这种心情可以理解，但一个班三四十人，老师不可能只照顾你的孩子，这等于是在给老师出难题，给家校合作增添不和谐的音符。

对于座位，顺其自然就好，不要刻意。成绩好不好，不是取决于坐在哪里，关键是看孩子自己。孩子用心学习，坐哪里都能够学会，没有强烈的学习欲望，没有良好的学习习惯，坐哪里都学不会。

明确想换座位背后的根本需求

有的家长觉得孩子上课总讲话，注意力不集中，于是想让老师帮孩子调座位，调到一个能管住孩子的学生身边，这样才能让孩子上课注意力集中一些，学习认真一些。

与其探讨"如何说，才能让老师帮忙换座位"，不如先来探讨这个要求背后，我们到底想要什么。我们想给孩子换座位，目的是提高孩子上课时的注意力，从而提高孩子的学习成绩。

话术模板

从孩子身体出发找理由

1. 我家孩子身体不好，特别容易感冒，一感冒就会特别严重，需要请假。冬天风大，您能不能帮孩子换到离门口远点的位置？

2. 老师，孩子回家跟我说，他前面的同学又高又壮，一坐直孩子就看不见黑板了。您看能不能把他们两个前后对调一下？

孩子自己有点小问题，身体不太好，而当前孩子的位置又会产生比较负面的影响，这才是比较正当的理由，更容易让老师接受。

从周边同学的立场出发

1. 我家孩子这一个暑假心都玩儿野了，我怕他坐在这里会影响到别的同学学习。您能不能给他换个位置，让他身边多一点沉稳踏实的同学，或者让他坐在讲台旁边也可以。

2. 他现在的前桌和他关系特别好，两个人一凑到一起就说个没完，会非常影响周围同学学习。要不您把我家孩子调开？

有时候如果是孩子自己的问题，老师可能会让孩子自己克服一下，比如近视，完全可以去配眼镜。但班主任需要维持好班级整体的秩序，如果孩子坐在这里，可能会让这一小片区域的学生不能静下心来好好学习，老师很可能就会重新考虑安排座位了。

第六章：有要求和意见，这样说班主任才会听

❹ 想请老师帮忙管教孩子，怎么说

孩子在学校时，家长看不到孩子，总会担心，于是想请老师多多关照孩子，多管一管孩子。

但有的家长想让老师多教教孩子，提升孩子的成绩，却忽视了孩子的基础可能没有那么好。老师就算再厉害，也是巧妇难为无米之炊。

源源的爸爸在家长会后找到英语老师，说："老师，我家孩子的英语实在太差了，刚刚及格。您看看有什么办法能提高一下孩子的成绩吗？"

英语老师说："其实他现在最重要的是多背单词，要会读会默写。"

爸爸："我学的英语知识早还给老师了，现在看那些单词我也不会。还请您多看着点他。"

英语老师："其实您在家看着他默写还是很简单的，书上的单词表中都有中文翻译。"

爸爸："还是老师来吧，您在学校看着他背会了不就行了？"

英语老师感到很为难："源源家长，我要教那么多孩子，不可能每天都盯着源源一个人的。除了我们老师努力，家长也要多辅导孩子的学习才行啊。"

家长想请老师帮忙管教孩子，但绝不能把教育的责任都推到老师一个人身上。老师就算教育孩子再认真，也只有在学校里的时间。孩子回家后，家长必须担负起教育孩子的责任，如此才能让孩子茁壮成长。

不要对老师要求太高

在请求老师帮忙管教孩子时，家长应该设定合理的期望。这意味着，我们不

能要求老师做出超出其职责范围或个人能力所能承受的事情。

我们不能把所有的期待全部压在老师身上，家长和孩子一起努力才有可能实现预定的目标。家长要明确，在教育孩子方面，家庭教育是终身的，学校教育是暂时的，更要明确家庭教育对孩子的影响才是最大的。

有部分家长总认为，把孩子送进学校，无论是孩子的身心发展还是行为习惯培养，都应由学校负责。孩子出现了什么问题，他们就怪老师、怪学校，完全忽视了家庭教育的作用。

交流孩子情况，方便因材施教

我们向老师说明孩子的性格特点和习惯，有利于老师采用更合适的方法进行管教。在沟通时，我们不要空泛地说"请您多照顾"。照顾什么？从哪方面照顾？我们可以说得具体一点。比如说，孩子的作文不好，材料积累了很多，上下逻辑也没问题，但是立意总是偏题。这时候我们就请老师多训练孩子怎么确定作文的主旨，而不是说"请您多教教孩子写作文"。

话术模板

从小处入手

1. 我家孩子就爱听您的课，每天回家都跟我们说您在课上讲了什么。我想请您在上课的时候多关注他一点，这样他就更有动力了。

2. 孩子说，您在讲课时能旁征博引好多有趣的知识点。我想问问您有什么书推荐给孩子吗？我想让孩子也像您一样博学多才。

在沟通时，我们可以从一些细小的感受、日常孩子的评价入手，让老师觉得自己被喜欢、被需要，然后再顺理成章地提出一些不太过分的小要求，利用真心、真情的力量，让老师主动帮助孩子。

从孩子的变化入手

1. 我家孩子本来默写生字词 10 个能错 8 个，但是自从您教他之后，他的默写正确率已经提高到 80% 了。我想麻烦您对这孩子的默写抓得再严格一点，争取以后默写全对。

2. 上一次您让他发言之后，他特别高兴，一直在和我们描述当时的场景。他以前就是有想法也憋着不敢说，我想请您以后多叫他起来发言。

我们可以把老师关注孩子之后孩子的一些变化作为特例和老师沟通，将变化前后的差异尽量描述清楚，让老师记忆更加深刻，以后也会下意识地多关注孩子。

表达自己的合作意愿

1. 这孩子太容易走神了，我在家里一直有带着孩子做一些训练专注力的游戏。我想请您帮忙观察一下现在孩子课上注意力集中的时间有没有长一点。

2. 我家孩子有哪些做得比较好的地方？我回去让他坚持下去。

教育孩子不是一个人的事。我们在沟通时，不能让老师觉得我们是想把教育的事全甩给他们，而要让老师感受到我们想要合作，一起管教孩子。如果是家校合作，老师的接受度会更高一些。

❺ 孩子在学校丢了东西，怎么说

孩子在学校丢了东西，有的家长和老师说不清丢的东西是什么样子的、什么时候丢的，导致老师无功而返。

保持冷静，不要冲动

孩子的物品弄丢了，有些父母会有点不开心，但这本来就是小事，家长要理性对待，千万不要意气用事，小题大做。

开学第一天，珊珊新买的水杯丢了，她对新的校园还不熟悉，不记得自己把水杯放在哪里了。珊珊的奶奶去学校找老师问能不能帮忙找水杯，结果老师在学校转了一圈也没找到。姗姗的奶奶非常生气，在办公室里大吵大闹，说一个小水杯都找不到，老师不负责任。

最后，这件事惊动了校长。校长训斥了珊珊的班主任，姗姗的奶奶才一脸不高兴地回家了。

东西丢了老师或许有责任，但绝不能全怪老师。我们在找老师帮忙时态度要诚恳，说清楚孩子丢了什么，还要说明白自己为什么想要找回来，比如这个东西很贵或者是重要的人送给孩子的，要表现出自己的急切和焦虑。

孩子的东西很可能找不回来，家长大呼小叫只会弄得自己和老师双方俱疲。家校沟通顺畅，才能促进家校共育更有成效，若不是涉及孩子的安全和原则问题，我们都要以平和的态度去处理，不要扰乱学校的教学秩序。

和老师沟通前问清情况

在得知东西丢了之后，先冷静下来，仔细找找孩子的书包。如果书包里没有就引导孩子想一想在学校都去了哪里、干了什么，大致推测东西可能丢在了哪里。问一问孩子最后一次见到丢失的物品是在哪里、在什么时候，又是在什么时候发现丢失的。

孩子的记忆可能不太清晰，也可能出现差错，我们还可以问一问和孩子关系好的同学有没有看到孩子的东西。结合同学说的，家长再完整梳理一遍整件事情的过程。

不要随便怀疑别人

孩子的笔、橡皮等今天丢一个，明天丢一个，太正常了。有时候这些小东西一掉到地上就很难再找回来。有的家长在沟通时，不考虑这种可能性，反而跟老师说怀疑是旁边的同学偷偷拿走了。即使不排除是别的同学觉得有趣拿走了，想逗一逗自家孩子，也不能在老师面前这么说，更不能恶意揣测别人。这样会给老师留下不好的印象，甚至会影响老师对孩子的看法。

家长这样随便怀疑别的同学，也会破坏孩子和同学之间的友情，在孩子幼小的心灵里埋下怀疑的种子。

话术模板

提供解决建议

1. 我家孩子的衣服在体育课后不见了，我们想请您帮忙找一找。如果找不到可以查一下监控吗？

2. 放学后，我发现孩子的笔袋不见了，而且也没有落在教室。我记得学校有一个全校师生沟通平台，可以请您帮忙在上面发一则寻物启事吗？

和老师沟通时不要着急让老师去找，我们可以向老师提出一些自己的办法和建议，帮助老师快速找到孩子丢的东西。

说清楚原委

1. 老师，我家孩子今天下午上完体育课回教室喝水时，发现水杯不见了，体育课之前还在的。

2. 孩子在教室找了好久也没找到自己的水杯，想请您帮忙看看，是不是孩子把水杯拿到操场上，忘记拿回来了？或者是放在接水的地方忘拿了？

在和老师交代情况时，要干净利落、简单明了，不要把一件小事搞得特别复杂。我们需要和老师交代丢的是什么、什么时候发现丢的，并提供几个可能的地点。记住，不要在交代情况时掺杂太多情绪化的语言。

6 对其他任课老师不满意，怎么说

孩子回家抱怨某个老师对他很凶，总是无缘无故批评他，家长肯定对此感到不满。他们很可能会去找班主任要说法，但有时不当的言辞反而会激化矛盾。

对老师多一些理解

绝大多数老师从内心里都渴望自己能够成为一名好老师，给孩子尊重、安全感、关爱，能够受到家长的喜爱和认可。只不过因为情绪、认知、性格等，老师们难以做到完美，毕竟人无完人。

所以，我们要相信孩子的老师是善良的，并宽容老师的一些不完美。这种发自内心的接纳和理解，会让家长更关注老师的优点，也会让老师感觉到温暖，并愿意和我们合作。

志杰连续几天比其他同学放学晚，而且一天比一天晚。爸爸问他原因，志杰说是被老师留下做数学题，做完才能回家。

十分生气的爸爸第二天带着志杰找到班主任，质问班主任为什么志杰总是被数学老师留下，是不是对志杰有意见。

数学老师就在旁边，他说，他只是希望当天讲的知识同学们能在当天就能消化完，所以才让没做完练习的同学做完后再回家，而且他一直是陪到最后一个同学把题目做完才离开的。

但志杰的爸爸并不听数学老师的解释，认定数学老师是有意针对志杰。

孩子在学校中总是会出现各种各样的问题，而且孩子的很多问题都无法预料。老师在处理这些问题的时候，不可能做到让每个家长都满意。有的问题出现以后，老师可能并不知情。

每个人的行为背后都隐藏着原因和需求。当我们努力交流后，老师仍然不听取建议，必然有他自己合理的原因。给予尊重，允许他人保留自己的想法，也是给孩子一个很好的示范——我们可以引导和影响别人，但更要尊重别人。

话术模板

用开放式提问缓和气氛

1. 老师，您觉得我家孩子在上数学课的时候表现怎么样？有没有认真听课？

2. 老师，听说孩子的语文老师是学校特意返聘的老教师，教学水平非常高。我想问一下这位语文老师的上课风格是什么样的，是严厉的还是幽默风趣的？

我们可以用一些问题委婉地开场，比如让班主任先回忆孩子上课时的状态和学习情况，知道我们这次来是为了谈对某个老师看法。这样可以避免直接和班主任抱怨对其他老师的不满所带来的尴尬。

在沟通时少一些负面的话

1. 孩子说数学老师从没有叫他回答过问题，我很理解，毕竟学生太多。我们是不是可以想个什么办法，既不影响老师上课，又能照顾到孩子的情绪呢？

2. 孩子觉得英语老师和他产生了一点小矛盾，我想其中是不是有什么误会，导致我家孩子错怪英语老师了。

当一个人处在不被否定和批判的安全环境中时，他会更容易接受对方的意见。所以我们在对老师不满时，可以先积极倾听并理解老师内在的需求和原因，然后再客观地表达自己的想法，并邀请老师一起想办法解决这个问题。

❼ 对班级制度有意见，怎么说

有些家长不满意班主任制定的班规，觉得不适合自家孩子，希望老师能修改。但是，他们可能会在不知不觉中掉进自己情绪的陷阱，变成只是表达自己的不满，忘记了自己的目的是和老师讨论这个规定到底合不合适。

子玉的妈妈给班主任发消息说："老师，您昨天在家长群里发的那些新规定，有一条说孩子犯错要一个人坐在讲台旁的红板凳上。我看到这把红凳子特别不舒服，我觉得这样会吓到孩子。"

班主任："这把红板凳其实是我以前的椅子，现在椅背掉了才变成板凳，不吓人的。"

但是子玉的妈妈在接下来的好几条消息里只顾着说自己如何觉得不舒服，这样做没有意义，听不进去班主任的解释。为了安抚子玉的妈妈，班主任最后还是答应取消这个规定。

当情绪脑开始工作时，理智脑就被按下了暂停键。

其实，作为家长，我们最起码得明白我们的站位——我们要做的，是配合老师的工作，而不是否定老师的行为。班主任既然已经公布了规定，说明已经是经过深思熟虑，或者是经过讨论商定后才制定的。作为家长，我们对班级的规定要有更加清晰、理性和多方面的认识。

覆盖面要尽可能大

假如我们认为老师所制定的班规有不合理的地方，要尽早提出来，但要注意这条班规的覆盖面，要尽可能广，这样我们和老师提意见的时候才有充足的群体支撑。

我们只是一个孩子的家长，遇到问题时，只能代表自己的孩子。如果对大多数孩子都有影响，我们提出的意见才会让老师足够重视。

此外，如果是普遍性问题，且是原则上一定需要改变的，家长们可以先统一思想，然后派出几个代表向老师提出意见。越多人向老师反馈，老师才会越重视，而非敷衍了事。

话术模板

开场先表示感谢

1. 感谢学校和老师们对孩子的关心和教育。我家孩子不仅在学业上取得了进步，而且在品德、社交等方面也得到了全面的发展。

2. 感谢您这么认真负责，不仅传授知识，还关注学生的身心健康，给予孩子们充分的关爱和支持。

首先感谢老师对孩子的关注和指导，这是一个礼貌的开场，也是告诉老师，家长很感激他们的辛劳，这样做可以给老师留下好的印象。

给出有针对性的建议

1. 您要求值日生提前半小时到校做卫生，会不会稍微早了一些？几个同学一起做，就算加上室外需要打扫的区域也不需要多少时间。

2. 每个同学轮流做早读的领读员是不错，但是有的孩子不敢站在前面带着大家大声诵读，您看可不可以选几个做得比较好的孩子当固定的领读员？

　　老师不可能给予每一个孩子个性化的教育。在结合家长自身观察以及孩子的评价之后，家长可以从自己的角度对班级制度的某一项给予建议。

表示对制度的支持

1. 您想的积分兑换制度很有效，每个同学、每个小组都有积分排名，我家孩子每天回家都要和我们说他一天拿了多少积分，排在第几名。

2. 我觉得您设立的学习互助小组很不错，三到四个同学一起讨论问题，可以取长补短，相互学习。

　　无论目前对班级管理的制度有什么意见，我们首先都要支持老师设立一套规章制度来管理班级。俗话说，没有规矩，不成方圆。老师们必须要通过合理的制度来规范和引导孩子，才能维护班级的和谐稳定，为孩子们创造一个良好的学习环境。

8 想为班级做贡献，怎么说

家长想为班级做一些贡献是好事，可是有时也会好心办坏事。有的家长因过于关心孩子，为班级做的贡献老师可能没法接受。

可以积极，但不要过度热情

新的学期开始了，宇豪所在的年级换到了旧的教学楼上课。这边的教室里没有空调，孩子回家后衣服都是湿的。爸爸心疼宇豪，于是联合班上的其他家长想要给教室里安装一台空调。

宇豪的爸爸和班主任老师提了这个想法后，遭到班主任的拒绝："真的不行，宇豪的爸爸，我们怎么能让家长出钱安空调？您关心孩子我能理解，回去后我会向领导申请。麻烦您和其他家长说，不要买空调了。"

宇豪的爸爸也不乐意："等你们领导同意再安装，没准儿我家孩子都毕业了。就一台空调，我们家长平摊下来也不贵。再说了，安了空调你们老师上课不也能凉快一些吗？"

班主任反问道："您给班上装了空调，那别的班要怎么想？别的班的家长会不会也想捐一台空调？"

在班主任的坚持下，宇豪的爸爸只能放弃捐空调的想法。

家长关心自己的孩子，无可厚非。但是有的家长过于关心孩子，想要为班级捐空调、打印机、饮水机等，其实完全没有必要。

对于孩子而言，这样无微不至的关爱，可能并不会让他们感到幸福，反而成了一种负担。孩子可能觉得，为什么别的家长都不这样做，就自己的家长非要这么做？

对于老师而言，这样的过度关心会给他们的工作带来很多的麻烦和困扰。到底要不要接受捐赠，怎么和领导汇报，教室的电路能不能支撑，再次调换教室后空调是留下还是带走，这些问题都是需要老师去思考和协商的。老师平时的工作已经很忙，我们就不要再给老师添麻烦了。

认真配合老师布置的任务就足够了

大多数时候，班级并不需要家长们做出额外的贡献，因为其实需要家长帮忙的地方并不多。对于老师和学校来说，家长能够在家里认真督促孩子完成作业，在老师需要帮助时认真配合，就已经是最大的帮助了。

比如，学校需要家长在校门口做志愿者看护孩子上下学时，家长不要迟到，不要把自己孩子接走后就不管了。又比如，老师布置了需要家长和孩子一起做的手工作业，那家长就认真引导孩子完成。

话术模板

询问具体要求

1. 老师，听说下周要举办运动会，需要家长去做志愿者吗？我们可以为孩子和班级准备些什么？

2. 老师，元旦联欢需要我们帮着去布置教室吗？大人布置高处的装饰比孩子安全点。

3. 听孩子说马上要上几何图形的公开课了，教具不太够，需不需要我们家长帮忙准备？

我们可以询问老师目前班级有哪些具体的需要或者计划，比如是否需要志愿者协助组织活动、准备教学材料、参与班级文化建设等。这样可以让我们的贡献更加精准和有效。

提出具体的方案

1. 老师，我看隔壁班的家长们设计了一款班徽贴纸作为奖励，以加强班级凝聚力。我也是做设计的，我来帮咱们班也设计一款，可以吗？

2. 您昨天在群里说希望让孩子们体验一些自然实践，我家是开花店的，我可以送给孩子们一些种子，让孩子们在班上开辟出一个植物角。

3. 听说这个学期的研学活动每个班可以自己组织，下个月科技馆有一个互动项目很多的展览，要不要带孩子们去科技馆参观一下？

如果你对管理班级等有特定的想法或建议，可以在适当的时候提出来。比如，你愿意负责班级图书角的管理，愿意负责组织一次亲子活动，或者为班级设计一份宣传海报等。同时，你也要表达出自己愿意根据老师的指导和班级的实际需求进行调整。

第七章

多说这些话，
比给老师"送礼"更管用

① 尊重、平等，
切忌在班级群里发表"不当"言论

在有些家长群里，因为一点小事而争吵不断的情况时有发生。我们在群里发言时要管住嘴，发言之前最好想一想这句话能不能说、适不适合在群里说。

与班级无关的事情不说

在生活中，我们的很多微信群都是屏蔽或静音状态，但班级微信群很重要，我们必须随时关注，及时收看群里的每一条消息。如果有人像在其他群一样，随便发一些广告、鸡汤文，甚至在里面闲聊，会浪费大家宝贵的时间。所以，在班级群里，我们每个人都要做到与班级无关的事情不说，保持群里内容的纯洁性。

有些家长很喜欢在家长群里炫耀孩子的成绩，这种行为其实就是在默默伤害那些成绩差的孩子及其家长的心。还有些家长喜欢"晒"各种旅游的照片，在朋友圈"晒"就可以了，发到班级群只会引起大家反感。

即使家长不到处"晒"，一个优秀的孩子的锋芒也是遮挡不住的。低调的"才子""才女"才是最令人佩服的，也最令老师喜爱。

不宜公开的内容不发到群里

微信群属于公共场合，个别问题可以私聊，不宜把不便公开的内容展现给所有人看。如果是自己孩子一个人的问题，可以找老师私聊。这样做，既不会影响到其他人，也会收到更好的效果。

不说不文明或过激的话

这是做人的基本素质，在班级群里更应该如此。在班级群聊中，家长们可能存在意见不一致的地方，甚至有时候会产生误会。此时，大家要心平气和地讨论，少一些情绪化的表达，不要辱骂别人。

比如，孩子在学校发生了小争执，有些家长护子心切，便在群里"开战"。你如此冲动，又如何教育孩子不争吵、不打架、冷静地对待一切呢？请记住，你是孩子的模范，你的行为在潜移默化地塑造着孩子的性格。

新学期开学，佳佳的爸爸在群里@老师，说："我家孩子的这两本新书均有破损，前天你就说帮我们换掉，今天还没换，怎么回事？"

老师看到消息后连忙回复："实在抱歉，佳佳的爸爸。这两本书学校确实是没有新的了，我们已经联系供货商加急送过来了，您再等等。"

佳佳的爸爸不同意："凭什么别的孩子用的都是新书，就我家孩子用破的！"

这时，另一个孩子的家长出来劝佳佳的爸爸理解一下老师，佳佳的爸爸却阴阳怪气地说："那你也理解一下我，把你家孩子的书和我们换了吧。"

发生矛盾时，作为家长要先冷静下来。不要把可能只是孩子的小零食被抢了这种小问题，扩大到人身攻击。要让孩子知道，你是一个讲道理、明是非的家长。

话术模板

向老师问问题时要尊重老师

1. 老师您好,刚才您发的这个保险的通知我没太理解,请问这个保险和新农合有冲突吗?

2. 上午好,张老师,我想问一下国庆调课的意思就是这周日还要上课对吗?

3. 实在不好意思,可以麻烦您再给我们解释一下这个志愿活动的具体安排吗?我刚才没有看明白您发的文件。

　　我们要用友好、温和的语气和老师进行沟通,采取友善和尊重的态度。例如,使用问候语来打招呼,比如"早上好""麻烦了"。不要对老师用颐指气使的语气,这样会让老师感到被冒犯和不高兴。

有事和老师私下交流

1. 老师,我想单独和您聊聊关于我家孩子成绩的事。我们约个时间可以吗?

2. 刚才在群里我没有发言,我就是想问问您,第二课堂的活动一般是多长时间?

3. 老师,不好意思,刚才在群里不好意思问您。请问这些书必须买学校指定的出版社出版的吗?因为有的书我家已经有了。

　　班级群是老师和家长相互交流、发布学校通知的平台,如果自己有什么事情想找老师说,和其他家长、孩子无关,就私下沟通吧。

② 足够信任，
不随意质疑老师的教学能力

家长们对孩子的教育都有着自己的看法，对老师的教学方式有不同的意见。部分家长觉得自家孩子成绩不好全赖老师，却忽视了孩子自身和家长自身的问题。

孩子学习不好全是老师的错吗

家长会结束后，致远的妈妈找到老师质问道："致远最近一直说听不懂你讲的课，这次考试成绩比上次足足低了15分。你到底行不行啊？学校为什么会让你一个刚毕业两年的小年轻来带毕业班？"

老师和致远的妈妈解释道："这次考试的题目比较难，所以同学们的分数普遍不是很高。"

致远的妈妈不依不饶："隔壁班都有考满分的，你教得不行就别找题目难的借口。"

有些父母将孩子学习不好归咎于老师，他们认为将孩子送去学校，孩子学习成绩差，完全是因为老师的教学能力和方法存在问题。

有些家长甚至在家长会上当着众多家长的面质疑老师的能力，用恶劣的态度对老师指手画脚，这样的行为只会让老师反感。他们连对老师最起码的尊敬和信任都没有，只会给孩子起到错误的示范作用。他们这样做并没有解决实质问题，而且还会给孩子带来负面影响。

不要在孩子面前否定老师

教育讲究师道尊严,就是老师在受教育者面前要有尊严,这就要求受教育者对老师要有最基本的尊重。否则,学生根本不听老师的话。没有人愿意听一个自己心里本就不尊重的人的话,甚至有时候会故意反着来。

所以,父母在孩子面前批评老师、非议老师一定要慎重,即便老师真的有什么问题,也要私下找老师沟通。如果父母当着孩子的面经常说老师水平不高,孩子不仅会无所适从,还会慢慢失去对老师的尊重,不再听取老师的教诲。

相信学校和老师

每所学校都有自己的教学理念,每位老师都有自己的教学风格,但是"教书育人"的大方向不会变。教学的这根"指挥棒"来自教育部门,是经过反复研究、多年实践得出的宝贵经验。

家长不妨先在行动上配合老师,然后再考虑孩子的个性化需求,在这个过程中,多与老师进行沟通,从而助力孩子"百尺竿头更进一步",达到双赢的效果。

话术模板

可以较真儿但别斗气

1. 老师，您昨天讲的这两句俚语，我回去查了查字典。您给的汉语翻译是美式的，英式里还有不同的意思，我发给您照片。

2. 老师，您在课上讲的这句古文的理解可能有些问题，我查了三本书的注本。我把资料发给您，请您看一看。

3. 您昨天给孩子讲了轴对称图形怎么分辨，我觉得这道题里的这幅图案不能算是轴对称图形，您看对不对？

  对于知识性的问题，我们应当较真儿。因为学习的本质就是探求真理，每一个知识点的掌握，每一次作业的完成，不仅是通向真理的基石，也应注重对孩子求真思维的培养。当然，这并不意味着家长要固执己见，而是要找到权威的"第三方"来佐证。

寻求和老师的共同点

1. 其实，我们都希望孩子能够更好地掌握这个知识点，只是方法上可能有些不同。

2. 我觉得您说得对，我也觉得这孩子在语感方面有些欠缺，但就是不知道要怎么培养孩子的语感。

3. 您说的我都明白，我也希望孩子能够注意力集中一点。他在家里写作业时也总是东张西望，很容易被别的东西吸引。

  我们可以尝试着找到我们和老师的观点的共同点或相似之处，先说明我们跟他有着一样的想法，再提出自己的意见，这样有助于建立对话的桥梁，减少我们和老师的对立感。

3 赞美、肯定，高情商夸老师

老师为孩子付出了很多，我们有时想要夸一夸老师，拉近和老师的关系，却因为夸得太过夸张、虚浮，结果适得其反。

不要盲目地夸赞老师

陶陶换了个新的语文老师，一个学期后，陶陶的语文成绩提升了特别多。陶陶的妈妈在家长会后找到语文老师，想要感谢一下老师。

陶陶的妈妈激动地说："实在是太感谢老师了，要不是您，我家孩子的语文成绩还在下游挣扎呢。您简直就是神人，一个学期就把我家孩子的语文成绩提高这么多。"

语文老师被夸得有点尴尬："没有那么夸张的，陶陶的妈妈。其实上一个语文老师就已经给孩子们打下了很好的基础了，我只是让孩子多学了一点答题方法。"

陶陶的妈妈："那也是全仰仗您教得好。"

语文老师连连摆手："您太客气了，这学期陶陶也很努力。"

家长不能盲目地去夸老师，因为从人际交往的实践来看，只有切合实际的赞美才是每个人都能欣然接受的。所以如果家长想让老师接纳自己的夸奖，就要先做好功课，知道老师对自己的孩子付出了什么，然后再表达感激之情。这样不仅让老师受之无愧，更让老师感受到家长很重视孩子的教育问题。

家长只有真正关心孩子的学习，才有资格和老师一起讨论孩子的成绩，毕竟老师也希望班里每个孩子的成绩都能更好。家长和老师进一步沟通，多了解孩子在学校和在家里的种种表现，才能对症下药。

夸赞时要把握好分寸

在与老师交流时，家长们要避免过于直接的赞美，寻找合适的方式表达敬意。这里的关键在于掌握适度原则，既要表达出对老师的尊重，又不显得过分奉承。此外，由于每位老师都有独特的性格特点——有的开朗大方，有的坦诚直率——家长们在与他们沟通时应当考虑到这一点。但不管老师的性格如何，真诚的态度总是最受欢迎的。

家长夸奖老师是客观的，老师会再接再厉，更好地完成教学工作，孩子也能跟着受益。如果家长对老师一味地阿谀奉承，老师没有认清自己的教学水平如何，反而会影响孩子的教育。

不要顺势把孩子甩给老师

文佑的爸爸："老师您辛苦了！每天要管理这么多孩子，还管得这么好。"

老师："没事，谁让我是班主任呢，这都是我的责任。"

文佑的爸爸："文佑在家太不听我的话了，总是和我对着干。您的话比我的管用多了，以后文佑还是交给您来管吧。"

老师："文佑的爸爸，管教孩子不是一朝一夕就能做好的，需要家长多一点耐心和毅力。如果只靠我们老师在学校教导，是完全不够的。我给您推荐几本儿童心理学的书，您有空可以看一下。"

如果家长在夸完老师后，顺势把教育孩子的责任甩给老师，就会让老师觉得，一方面这个家长过于懒惰，把自己的责任往外推；另一方面说明这个家长不会说话，情商很低。老师教得好说明老师的方法有效，但是自己的孩子指望别人来教，这也太不符合情理了。

话术模板

赞美老师的教学能力

1. 您把每一堂课都上得如此精彩，我的孩子现在每天都期待着上您的课。

2. 您在教学时循循善诱，让孩子学习起来毫不费力，充分发挥了孩子的主动性。您的教学设计很好，引导得也很到位，同时您还让孩子体会到了学习与生活的联系。

3. 老师在课上教的东西我家孩子回家后都能复述出来，您举的例子生动形象，还能够锻炼孩子举一反三的能力。

老师最渴望的大概就是自己的教学水平得到认可。在夸赞老师的时候，我们可以重点夸赞老师的教学能力。我们可以用孩子的反应来开头，让老师感受到自己的课是被孩子喜爱的，孩子上自己的课能收获很多。

夸赞老师有耐心

1. 您对待每个孩子都很有耐心。无论是对于学习上的困难还是个人问题，您总是耐心地倾听、解答问题，并且给予他们积极的鼓励和支持。

2. 您真的是对孩子很有耐心，无微不至地关心每一个孩子，不仅教授知识，更注重培养孩子的人格和素质。我们家长深感欣慰和感激。

要做好教师这份工作，需要有足够的耐心。作为一名教师，整天处于性情各异、活泼好动的孩子们当中，如果没有耐心，很难管理好孩子。我们夸赞老师有耐心，是对老师管理好班级和学生的肯定。

4 换位思考，理解老师的不容易

家长都希望自家的孩子能活成自己想要的样子，但是教育孩子是一件很有难度的事情。这需要我们和老师换位思考，将心比心，互相配合，互相支持，形成教育孩子的合力。

理解老师的不容易

老师在班级里面对三四十个学生，工作任务重，特别是班主任，要参与班级管理、活动开展、学生思想工作……在处理学生的问题的时候很难做到万无一失，与家长沟通时也不能确保人人满意。

子轩非常淘气，上了一年级后，妈妈很担心他在学校捣乱。于是，她开始在工作时间内频繁地向班主任发送微信消息、留言，下班后更是时常给班主任打电话，有时一聊便是一个多小时。

直到有一天，班主任未接听她的电话，仅留下了一条信息："感谢您的信任，但恳请您在下班后给我留些许私人时间。"子轩的妈妈收到这条信息后心中不悦，次日便前往校长处理论。

校长耐心地回应："昨天，子轩的班主任因孩子发烧在医院守候了一夜。尽管老师随时待命，但他们下班后也渴望拥有自己的生活空间。沟通若无边界，其效果未必尽如人意，您认为呢？"

现在有一些家长觉得，既然当了班主任，就必须 24 小时待命，时刻保证能和家长沟通，但老师也是普通人，也有孩子，有家人，有自己的生活。教师只是一份工作，在工作之外，他们还有很多自己的事情要忙。

理解老师必须要传达的一些要求和活动

鹏飞的班主任在群里通知，在寒假期间，希望家长能和孩子参加学校举办的亲子诵读活动，并希望家长能和孩子一起制作春联和年画，开学后学校会选择一些优秀的作品进行展览。

鹏飞的爸爸在群里回复完"收到"后，忍不住和鹏飞的妈妈"吐槽"："怎么孩子放个假，我们家长还有这么多任务？亲子诵读要求每星期至少录制三次视频，孩子放假我们可不放假啊，下班那么累还要陪孩子录视频。"

鹏飞和爸爸一起，在开学前最后几天把亲子作业做完了。年画是擅长画画的爸爸勾了图案让鹏飞随便上色的，春联是爸爸找一直在练书法的爷爷写的。鹏飞不太在意自己的作品能不能进行展览，只要完成了就好，而且，主要也是自己的家长在头疼要怎么完成这些作业。

学校经常会有很多活动需要家长配合，比如一些志愿者活动，或者一些大型的德育活动，老师们都非常欢迎家长来参加，但并不是要求家长们必须来参加。

还有的家长厌烦老师天天在班级群里发各种要求。一些事情很小，在家长看来很没有必要，也和自己以及孩子没有关系，或者已经重复了很多遍了，却必须要全部家长知道，搞得家长每天都要盯着微信群的消息，很麻烦。其实老师也很无奈，但是如果不通知到位，很可能以后就会因为这么一个小问题引发"惨案"。

话术模板

理解老师工作辛苦

1. 孩子说您一个人要教两个班的数学，光是批改作业都要批到很晚，您真的辛苦了。

2. 老师，如果有需要，我们可以提供一些帮助，共同为学校的发展和孩子的成长贡献力量。

3. 您的辛勤工作让我们感到由衷敬佩，您需要我们家长做什么就尽管说，我们一定鼎力支持。

我们可以在和老师沟通时，肯定老师的工作，让老师感受到自己的努力和付出得到了认可。我们仅仅是带自己的一两个孩子就感觉身心俱疲了，老师在学校要面对几十个孩子，每个孩子制造一点问题，都会汇聚成大麻烦。我们要体谅老师工作的辛苦。

理解老师惩罚孩子

1. 因为孩子乱扔垃圾，您罚他扫地，我们都知道了。您做得很对，等他回来，我们也要狠狠教育一下他。

2. 孩子回家和我抱怨您的罚写太多了，但我觉得没问题。她太马虎了，不罚抄几遍根本不长记性。

多数老师都会尽心尽力地教育孩子，那么家长就要把教育学习和惩罚错误的权力都放给老师，这样才能让老师放心大胆地教学生。

第七章：多说这些话，比给老师"送礼"更管用

❺ 简洁明确，不唠叨、不啰唆

有的家长本来只是想和老师谈一谈孩子的问题，结果话匣子一打开就收不住了，一不小心就扯远了话题，天南海北都说到了，让老师不知道我们的重点到底是什么。这样既耽误了自己的时间，又耽误了老师的工作。

彩萱的妈妈给班主任打电话，本来是想说一下自己接下来的一个月要出差，彩萱的奶奶会来接送孩子。结果说着说着，彩萱的妈妈就开始和班主任诉苦，说自己忙于工作，都没什么时间和孩子相处。

"我跟您说，我上这个班太累了，有时候加班回家都晚上10点了，孩子已经睡下了。一天到头我和彩萱都说不上几句话。我们老板天天压榨员工，也不让我们早点下班。"

"彩萱的妈妈，情况我都了解了，是从下周一开始的一个月左右，都是彩萱的奶奶接送孩子对吗？您还有别的事情吗？"

"没了没了，麻烦老师了。唉，你们老师也是辛苦，每天电话24小时待命，就怕哪个学生出事。"

"好的，那我就先挂了，我还要去开会。"

不管采用哪种形式联系，家长都要知道老师的时间很宝贵，尽可能有事说事，避免啰唆。家长只要准确地表达孩子的困扰，希望得到老师什么样的帮助就够了。

比如，孩子考试考得不理想，我们可以帮孩子分析卷子，搞清楚孩子存在的

问题后，向老师请教应该从哪方面帮助孩子，孩子的成绩才能有所提升。这样不仅让老师知道我们是负责任的，也能得到我们想要的答案。

事先明确自己沟通的目的和时间

我们在和老师沟通时一定要说重点，如果不知道该怎么组织语言，可以提前列出要问的问题，避免在沟通中遗漏，也能避免我们说太多偏题的东西。我们可以拿纸或在手机上记录下自己的问题，然后在沟通时，简单地记下老师所说的要点。

在沟通前，我们最好估计一下大概需要多长时间才能把事情说完，在沟通时尽量有意识地控制时间，不要超时。久而久之，我们就能养成和老师快速处理问题的习惯，而不是拖拖拉拉、东拉西扯。

多倾听老师的意见，少一些发言

面对老师提出的反馈和建议，智慧的家长会选择全神贯注地倾听，而不是急于反驳和打断老师的话。他们深知，这些建议是老师基于专业知识和日常观察所提出的，蕴含着对孩子成长的深切关怀。

当老师指出孩子的问题或不足时，我们不要急于辩解或指责，而要与孩子一起坐下来，平静地分析问题的根源。我们要相信，每个问题背后都有其深层次的原因，只有找到这个原因，才能真正解决问题。

话术模板

关注具体的事情

1. 老师，可以麻烦您盯一下孩子第一单元的课文背诵情况吗？不知道为什么，这两篇课文他一直背不下来。

2. 您之前说我家孩子不太会列方程，我在家每天都辅导他的作业，请问他最近有进步了吗？

　　和老师沟通的时候，我们可以一次聚焦一个点，只说一件事情。比如，这次是课堂听课情况，改进一周后反馈给老师，下次再专注课后学习习惯。这样做可以让老师明确时间段内的关注点，减轻老师的负担，也能让我们有条理地处理孩子的问题，避免手忙脚乱。

沟通时直击问题重点

1. 您说我家孩子和别人打架了，我想问一下是为什么打架，他和另外一个同学谁先动的手？

2. 您说孩子上课总犯困，请问是上所有课都犯困，还是在某个时间段就会犯困，或者在某个老师的课上犯困？

　　如果真的是非常紧急的事情，我们不要和老师兜圈子，要直截了当地向老师询问清楚自己最关心的问题，抓住事情的重点。别的一些细枝末节的小问题，就暂时先放下，不要去管了。这个时候我们应该直白地将自己的想法告诉老师，说话过于委婉只会耽误处理问题的时间，可能会对我们产生不好的影响。

6 客观公正，避免片面沟通

有的家长盲目护短，觉得自家孩子最棒，无论老师说什么都不听。有的家长则是觉得老师说什么都是对的，完全不听孩子的解释。其实这些做法都不好，我们应当认真思考，尽量在沟通时维持客观公正的态度。

听老师把话说完

智博成绩优秀，但他就是喜欢欺负其他同学，多少有些暴力倾向。班主任多次找他谈话，他认错的态度很好，可事后没多久还会再犯同样的错误。一天，他因为一点小事与同桌打了起来，把同桌的头都打破了。

班主任打电话叫来智博的爸爸，想与他协商如何解决。智博的爸爸还没听老师说完，就当着班主任的面打了智博三巴掌。

班主任连忙拦着智博的爸爸："家长，咱们有话好好说，不要动手打孩子。"

有的家长盲目迷信老师的"权威"，为了在老师面前表现，等不及老师解释清楚问题就开始责备甚至打骂孩子；或者完全不相信自己的孩子，无论他和同学发生了什么问题，都觉得是自己孩子的错。这样会让孩子的心理产生防御机制，让孩子觉得家长是自己的敌人，这会严重影响孩子的成长。

描述问题时要客观全面

如果我们在遇到问题时只听孩子一方的陈述，就急着找老师对质，那小问题可能会变成大问题，简单的问题可能会变成复杂的问题。另外，有些家长和老师沟通的时候会默认为班主任知道班里学生发生的一切事，因此在描述问题的时候不会描述得那么完整，这不利于问题的解决。

冬雪的妈妈给老师发了一条消息："老师，今天冬雪做的事情我们已经批评她了，并且私下找到那个同学的家长道歉了。"

老师看到消息后一头雾水，因为他生病了，在医院输液，这两天没去学校。他问了班长才知道，冬雪在上体育课时不小心撞倒了另一个同学。被撞倒的同学手掌和膝盖都有一些擦伤，但没有什么大问题。

虽然大多数班主任都有着一双"慧眼"，但是这双"慧眼"无法像机器一样随时监控和记录班里发生的一切。所以，我们在沟通时要客观、完整地描述事情，这样才能让老师了解事情的详细经过。

不要带着偏见去质问老师

有时孩子只是在学校和同学发生了一点小纠纷，但是回家后，家长看见孩子受的伤或者凌乱的衣服，就会很担心、很在意发生了什么。孩子对父母的情绪非常敏感，在叙述事情时，孩子会主要说"他怎么样，他干了什么"，而很少提及"我怎么样"。这样家长就会容易觉得都是别人家孩子的问题。

这样的家长带着这样的念头去找班主任时，很可能会一口咬定是别人家孩子先动的手，完全不听老师在说什么。他们根本就不是来沟通的，只是来找老师表态、发泄情绪的。切记，家长如果偏听偏信，很可能会造成不良的后果。

话术模板

客观陈述事实

1. 孩子现在正发高烧，可能要请几天假，所以想请您帮忙问一问各科老师大概的进度会到哪里，孩子有精神时多少能学一些。

2. 他给我家孩子起了很难听的绰号，所以我家孩子和他打起来了。的确是我家孩子先动的手，但是起因不在我家孩子身上。

在和老师沟通时，我们尽量不要夸大问题，或者用很情绪化的语言来描述问题。我们要尽量用理性的语言和老师交流，避免一些误会。我们要跟老师真实地反映孩子的问题和困惑，不要隐瞒事实，甚至可以准备一份问题列表。

避免武断地下定论

1. 老师，很感谢您告诉我事情的全部经过。我家孩子只说了对方怎么样，完全没提是他先欺负人家的，幸好我没全相信我家孩子说的。

2. 我在来之前一直不敢肯定到底是怎么回事，多亏了您帮我和对方家长调解，还带我们看了监控，现在我明白到底发生什么了。

在和老师沟通时，我们要避免一口咬定一个结果。我们可以抱着信任老师的态度，认真听取和思考老师描述的事情发生的过程，再结合从其他渠道了解到的情况，弄清事情的真相。

7 达成共识，积极配合，与老师形成合力

孩子的成长，少不了父母的栽培和老师的指导。唯有老师和家长相互配合、共同出力，才能真正成就一个孩子。

老师和家长就像两支船桨，只有双方朝着同一个方向共同努力，才能让孩子朝着我们期望的方向驶去，并顺利到达成功的彼岸。

沟通时要坦诚主动

沟通的目的是解决问题，促进双方的合作。因此，家长可以通过电话、短信、微信等方式，主动与老师保持联系，定期向老师了解孩子在学校的学习和生活情况，及时发现和解决问题。

同时，家长也要积极参加学校组织的家长会、家访等活动，与老师面对面交流，增进彼此的了解和信任，减少误解和矛盾。

可可的爸爸小时候就害怕老师，现在也不敢和老师说话。每次老师在群里发通知，可可的爸爸只会回复"收到"。即使老师在征求家长们的意见，可可的爸爸也不敢说出自己的想法。

一次家长会之后，班主任找到可可的爸爸，想聊聊可可最近的学习情况。但是由于太紧张，可可的爸爸根本没记住老师说了什么。回家后，面对可可的妈妈

的询问，可可的爸爸只说了一句"老师说可可最近还行"。然后，可可的爸爸就被"剥夺"了去参加家长会的权利。

如果在沟通时扭扭捏捏，或者不敢与老师交流，我们就会错过很多了解孩子的机会，更不利于家校联合，共同教育孩子。

尊重是建立良好家校关系的基础

在教育孩子的过程中，家长和老师可能会因为教育观念和价值观的不同而产生分歧，此时我们要正视教育观念和价值观的差异，试着从对方的角度理解问题。

教育在本质上是一种专业活动，大多数老师对教育有着深入的了解和深厚的经验，家长要支持老师的教育工作，尊重老师的教育方式，积极配合老师的工作。在讨论孩子的学习问题时，家长应该虚心听取老师的建议和意见。

比如，孩子回家抱怨，觉得老师太严格，不喜欢上课，我们要表示理解。但是，老师若不严格，孩子怎么能成才呢？如果老师不严格，任凭孩子"野蛮生长"，孩子只会越学越差。教育本就是一项严肃的事业，身为老师就要严格教育孩子，这是老师的责任。

不要干扰老师的教育，各司其职

在教育孩子这件事上，家长和老师应该是一种"安静"的支持关系。家长和老师要各司其职，互不干扰，但又彼此支持。

一个动物学家的孩子拿着一个从未见过的贝壳去问老师这是什么。老师也不认识，叫他回家问身为动物学家的父亲。

第二天，孩子拿着一封信来找老师，说他父亲也不认识，还让他把信交给老师。信上写着这个贝壳的名字、种属和主要生存范围，最后还写了一句话：这个问题由老师解答，想必更为妥当。

家长需要支持老师，让老师的形象在孩子心目中高大起来，从而让孩子更尊重、信任老师。教育最需要的不是家长的监督、责怪和质疑，而是家长配合好老师的工作。不为难老师，不干扰老师教育孩子，就是对老师最好的支持。

话术模板

采纳老师的建议

1. 您在上数学课时用了七巧板、折纸等多种方法培养孩子对几何图形的感觉，我在家辅导孩子做作业时借用了您的办法，孩子果然理解得更快了。

2. 我家孩子做题时特别不喜欢留下痕迹，卷面上总是干干净净。我以后一定监督他按照您教的办法，在卷面留下做题痕迹。

家长和老师在家校沟通中应该是平等的合作伙伴。家长要尊重老师的专业知识和教育经验，如果家长对辅导孩子学习没有信心，不妨采用一些老师提出的方法和建议。

定期沟通

1. 又到月底了，老师，我想跟您沟通一下我家孩子这个月在学校的表现。您现在方便吗？

2. 您让我回去盯着孩子早睡早起，我来和您汇报一下情况。现在他早睡早起的习惯真的养成了，每天不用我喊，自己就能起床。我再也不用担心孩子因为起不来床而迟到了。

家长应该定期与老师进行沟通，了解孩子在学校的情况。可以选择每学期开始和结束时与老师进行一次面对面的沟通，或者在有需要时随时与老师用电话、微信等方式保持联系。定期沟通有助于家长和老师共同关注孩子的发展，及时发现问题并寻求解决方法。

分享孩子的情况，寻求支持

1. 老师，我家孩子对花生过敏，食堂如果有花生制品，可以麻烦您叮嘱孩子不要吃吗？他有时候根本不知道自己吃了什么。

2. 我家孩子一个寒假背了十几首古诗，您要求读的那几本名著也都看完了，还认真做了读书笔记，您有空可以考考他。

3. 老师，孩子最近在家做了几篇阅读理解，总是找不到准确的答题点，可否请您给她讲一讲？

沟通是相互的，家长需要开诚布公地与老师交流。我们可以告诉老师孩子在家中的情况、特殊需求或家庭背景，以帮助老师更好地了解孩子并提供恰当的支持。